A corrosão
do caráter

Richard Sennett

A corrosão do caráter

Tradução de
MARCOS SANTARRITA

25ª edição

EDITORA RECORD
RIO DE JANEIRO • SÃO PAULO
2024

CIP-BRASIL. CATALOGAÇÃO-NA-FONTE
SINDICATO NACIONAL DOS EDITORES DE LIVROS, RJ.

S481c
25ª ed.

Sennett, Richard, 1943-
    A corrosão do caráter: as consequências pessoais do trabalho no novo capitalismo / Richard Sennett; tradução Marcos Santarrita. – 25ª ed. – Rio de Janeiro: Record, 2024.

    Tradução de: The corrosion of character
    Inclui apêndice e bibliografia
    ISBN 978-85-01-05461-6

    1. Ética do trabalho. 2. Trabalhadores – Estados Unidos. 3. Trabalho – Estados Unidos. I. Título.

99-0448

CDD – 174
CDU – 174.8

Título original norte-americano
THE CORROSION OF CHARACTER

Copyright © 1999, 1998 by Richard Sennett

Capa: Campos Gerais/Washington Dias Lessa

Todos os direitos reservados. Proibida a reprodução, armazenamento ou transmissão de partes deste livro através de quaisquer meios, sem prévia autorização por escrito. Proibida a venda desta edição para Portugal e resto da Europa.

Texto revisado segundo o novo Acordo Ortográfico da Língua Portuguesa.

Direitos exclusivos de publicação em língua portuguesa para o Brasil adquiridos pela
EDITORA RECORD LTDA
Rua Argentina, 171 – Rio de Janeiro, RJ – 20921-380 – Tel.: (21) 2585-2000
que se reserva a propriedade literária desta tradução

Impresso no Brasil

ISBN 978-85-01-05461-6

Seja um leitor preferencial Record.
Cadastre-se em www.record.com.br
e receba informações sobre nossos
lançamentos e nossas promoções.

Atendimento e venda direta ao leitor:
sac@record.com.br

Em memória de
Isaiah Berlin

Sumário

Prefácio 9

1. DERIVA 13
Como o novo capitalismo ataca o caráter pessoal
2. ROTINA 35
Um mal do velho capitalismo
3. FLEXÍVEL 53
A reestruturação do tempo
4. ILEGÍVEL 75
Por que as modernas formas de trabalho são difíceis de entender
5. RISCO 89
Por que o risco se tornou desnorteante e deprimente
6. A ÉTICA DO TRABALHO 117
Como mudou a ética do trabalho
7. FRACASSO 141
Enfrentando o fracasso
8. O PRONOME PERIGOSO 163
A comunidade como um remédio para os males do trabalho

Apêndice: Tabelas Estatísticas 177
Notas 187
Índice 195

Prefácio

A expressão "capitalismo flexível" descreve hoje um sistema que é mais que uma variação sobre um velho tema. Enfatiza-se a flexibilidade. Atacam-se as formas rígidas de burocracia, e também os males da rotina cega. Pede-se aos trabalhadores que sejam ágeis, estejam abertos a mudanças a curto prazo, assumam riscos continuamente, dependam cada vez menos de leis e procedimentos formais.

Essa ênfase na flexibilidade está mudando o próprio significado do trabalho, e também as palavras que empregamos para ele. "Carreira", por exemplo, significava originalmente, na língua inglesa, uma estrada para carruagens, e, como acabou sendo aplicada ao trabalho, um canal para as atividades econômicas de alguém durante a vida inteira. O capitalismo flexível bloqueou a estrada reta da carreira, desviando de repente os empregados de um tipo de trabalho para outro. A palavra "*job*"[serviço, emprego], em inglês do século quatorze, queria dizer um bloco ou parte de alguma coisa que se podia transportar numa carroça de um lado para o outro. A flexibilidade hoje traz de volta esse sentido arcano de *job*, na medida em que as pessoas fazem blocos, partes de trabalho, no curso de uma vida.

É bastante natural que a flexibilidade cause ansiedade: as pessoas não sabem que riscos serão compensados, que caminhos seguir. Para tirar a maldição da expressão "sistema capitalista", antes criavam-se circunlocuções, como sistema de "livre-empresa" ou "empresa privada". Hoje se usa a flexibilidade como outra maneira de levantar a maldição da opressão do capitalismo. Diz-se que, atacando a burocracia rígida e enfatizando o risco, a flexibilidade dá às pessoas mais liberdade para moldar suas vidas. Na verdade, a nova ordem impõe novos controles, em vez de simplesmente abolir as regras do passado — mas também esses novos controles são difíceis de entender. O novo capitalismo é um sistema de poder muitas vezes ilegível.

Talvez o aspecto da flexibilidade que mais confusão causa seja seu impacto sobre o caráter pessoal. Os antigos anglófonos, e na verdade escritores que remontam à antiguidade, não tinham dúvida sobre o significado de "caráter": é o valor ético que atribuímos aos nossos próprios desejos e às nossas relações com os outros. Horácio escreve que o caráter de alguém depende de suas ligações com o mundo. Neste sentido, "caráter" é um termo mais abrangente que seu rebento mais moderno "personalidade", pois este se refere a desejos e sentimentos que podem apostemar por dentro, sem que ninguém veja.

O termo caráter concentra-se sobretudo no aspecto a longo prazo de nossa experiência emocional. É expresso pela lealdade e o compromisso mútuo, pela busca de metas a longo prazo, ou pela prática de adiar a satisfação em troca de um fim futuro. Da confusão de sentimentos em que todos estamos em algum momento em particular, procuramos salvar e manter alguns; esses sentimentos sustentáveis servirão a nossos caracteres. Caráter são os traços pessoais a que damos valor em nós mesmos, e pelos quais buscamos que os outros nos valorizem.

Como decidimos o que tem valor duradouro em nós numa sociedade impaciente, que se concentra no momento imediato? Como se podem buscar metas de longo prazo numa economia dedicada ao curto prazo? Como se podem manter lealdades e compromissos mútuos em instituições que vivem se desfazendo ou sendo continuamente reprojetadas? Estas as questões sobre o caráter impostas pelo novo capitalismo flexível.

Há um quarto de século, Jonathan Cobb e eu escrevemos um livro sobre americanos da classe operária, *The Hidden Injuries of Class* [Os males ocultos do sistema de classe]. Em *A corrosão do caráter*, abordei algumas das mesmas questões sobre trabalho e caráter numa economia que mudou radicalmente. *A corrosão do caráter* pretende ser mais um longo ensaio que um breve livro; quer dizer, tentei escrever uma discussão única, cujas seções se dividem em capítulos muito curtos. Em *The Hidden Injuries of Class*, Jonathan Cobb e eu nos baseamos exclusivamente em entrevistas formais. Aqui, como cabe a um ensaio-discussão, recorri mais a fontes diversas e informais, incluindo dados econômicos, narrativas históricas e teorias sociais; examinei a vida diária à minha volta, em grande parte como faria um antropólogo.

De saída, devo observar duas coisas sobre este texto. O leitor muitas vezes encontrará ideias filosóficas aplicadas a experiências concretas de indivíduos, ou por elas testadas. Não me desculpo por isso; uma ideia precisa suportar o peso da experiência concreta, senão se torna mera abstração. Segundo, disfarcei de forma um pouco mais pesada as identidades individuais do que se faria ao relatar entrevistas formais; isso significou trocar lugares e épocas, e de vez em quando juntar várias vozes em uma ou dividir uma em muitas. Esses disfarces forçam a confiança do leitor, mas não a confiança que um romancista buscaria conquistar com uma narrativa benfeita, pois hoje falta essa coerência às vidas reais. Minha esperança é ter refletido com exatidão o sentido do que ouvi, embora não, exatamente, as circunstâncias.

Todas as notas do texto do ensaio vêm no fim. Também pus no fim algumas tabelas estatísticas, preparadas por Arturo Sanchez e eu, que ajudam a ilustrar algumas tendências econômicas recentes.

Aprendi muita coisa sobre trabalho com Jonathan Cobb há um quarto de século. Voltei a esse tema por insistência de Bennett Harrison, Christopher Jencks e Saskia Sassen; *A corrosão do caráter* tenta sondar algumas deduções pessoais das descobertas que todos eles fizeram sobre a economia moderna. Com meu auxiliar diplomado Michael Laskawy, tenho a dívida do companheirismo intelectual e também da paciência ao tratar das várias questões práticas que acompanharam a pesquisa e composição do livro.

Este ensaio começou como uma conferência feita na Universidade de Cambridge em 1996. O Centro de Estudo Avançado em Ciências Comportamentais me proporcionou o tempo para escrever este livro.

Finalmente, eu gostaria de agradecer a Donald Lamm e Alane Mason, da W.W. Norton & Company, e a Arnulf Conradi e Elizabeth Ruge, da Berlin Verlag, que me ajudaram a dar forma ao original.

UM

Deriva

Encontrei há pouco, num aeroporto, uma pessoa a quem não via há quinze anos. Eu tinha entrevistado o pai de Rico (como o chamarei) um quarto de século atrás, quando escrevi um livro sobre os trabalhadores nos Estados Unidos, *The Hidden Injuries of Class*. O pai dele, Enrico, trabalhava então como faxineiro, e tinha grandes esperanças para o filho, que apenas entrava na adolescência, um garoto inteligente, bom nos esportes. Quando perdi contato com o pai, uma década atrás, o filho acabara de concluir a faculdade. No saguão do aeroporto, Rico parecia ter concretizado os sonhos do velho. Trazia um computador numa maleta de couro elegante, vestia um terno que eu não podia pagar e exibia um anel de sinete com brasão.

Quando nos conhecemos, Enrico já passara vinte anos limpando banheiros e lavando chãos num prédio comercial do centro. Fazia isso sem se queixar, mas também sem nenhum entusiasmo com o Sonho Americano. Seu trabalho tinha um objetivo único e perene, servir à família. Levara quinze anos para economizar o dinheiro de uma casa, que comprara numa área residencial perto de Boston, cortando os laços com seu antigo bairro italiano, porque uma casa nos subúrbios era melhor para os filhos. Nessa época sua esposa, Flavia, fora trabalhar como passadeira numa lavanderia especializada em lavagem a seco; quando conheci Enrico, em 1970, eles economizavam para a educação universitária dos dois filhos homens.

O que mais me impressionou em Enrico e sua geração foi ver como o tempo era linear em suas vidas: ano após ano trabalhando em empregos que raras vezes variavam de um dia para o outro. E, nessa linha de tempo, a conquista era cumulativa: toda semana, Enrico e Flavia conferiam o aumento de suas poupanças, mediam a vida doméstica pelas várias melhorias e acréscimos que haviam feito na casa de fazenda. Finalmente, o tempo que viviam era previsível. As convulsões da Grande Depressão e da Segunda Guerra Mundial haviam-se esfumado, os sindicatos protegiam seus empregos; embora tivesse apenas quarenta anos quando o conheci, Enrico sabia exatamente quando ia aposentar-se e o pecúlio que teria.

Tempo é o único recurso que os que estão no fundo da sociedade têm de graça. Para acumular tempo, Enrico precisava do que o sociólogo Max Weber chamou de "jaula de ferro", uma estrutura burocrática que racionalizava o uso do tempo; no caso de Enrico, as regras de antiguidade de seu sindicato e as leis que organizavam sua pensão do governo proporcionavam esse andaime. Acrescentando a esses recursos sua própria autodisciplina, o resultado era mais que econômico.

Enrico conquistou uma nítida história para si mesmo, em que a experiência se acumulava material e fisicamente; sua vida, assim, fazia sentido para ele, numa narrativa linear. Embora um esnobe pudesse descartá-lo como um chato, ele sentia os anos como uma história dramática que avançava a cada conserto na casa, a cada prestação da casa. O faxineiro sentia que se tornava o autor de sua vida, e, embora fosse um homem inferior na escala social, essa narrativa lhe dava um senso de respeito próprio.

Apesar de clara, a história da vida de Enrico não era simples. Fiquei particularmente impressionado ao ver como ele abarcava os mundos da antiga comunidade de imigrantes e da nova vida neutra suburbana. Entre os vizinhos suburbanos, vivia como um cidadão discreto, modesto; quando voltava ao velho bairro, porém, recebia muito mais atenção, como uma pessoa que vencera lá fora, um velho digno que voltava todo domingo para a missa, seguida de um almoço nos botecos de fofoca. Obtinha reconhecimento, como um ser humano distinto, daqueles que o conheciam há tempo suficiente para entender sua história; obtinha um tipo mais anônimo de respeito dos novos vizinhos, fazendo o que todos os demais faziam, mantendo a casa e o jardim em ordem, vivendo sem incidentes. A densa textura da existência particular de Enrico estava no fato de que ele era reconhecido nos dois aspectos, dependendo de em qual comunidade andasse: duas identidades oriundas do mesmo uso disciplinado de seu tempo.

Se o mundo fosse um lugar feliz e justo, os que desfrutam de respeito retribuiriam em igual medida a consideração que lhes foi concedida. Era a ideia de Fichte em "Os fundamentos da lei nacional"; ele falou do "efeito recíproco" do reconhecimento. Mas a vida real não procede de maneira tão generosa.

Enrico antipatizava com os negros, embora houvesse trabalhado em paz por muitos anos com faxineiros negros; antipatizava com estrangeiros não italianos como os irlandeses, embora seu próprio pai mal soubesse falar inglês. Não reconhecia lutas afins; não tinha aliados de classe. Acima de tudo, porém, Enrico antipatizava com pessoas da classe média. Dizia que nós o tratávamos como se fosse invisível, "como um zero"; o ressentimento do faxineiro era agravado pelo receio de que, devido à sua falta de educação e sua condição de trabalhador braçal, tivéssemos um secreto direito de fazer isso. Aos seus poderes de resistência no tempo, opunha a lamurienta autopiedade dos negros, a injusta intrusão dos estrangeiros e os imerecidos privilégios da burguesia.

Embora sentisse que conquistara certo grau de honra social, dificilmente quereria que o filho Rico repetisse sua vida. Meu amigo era fortemente impelido pelo sonho americano de mobilidade ascendente para os filhos.

— Eu não entendo patavina do que ele diz — gabou-se várias vezes comigo, quando Rico voltava da escola para casa e estudava matemática.

Ouvi muitos outros pais de filhos e filhas como Rico dizerem coisa semelhante a "Eu não o entendo" em tom mais duro, como se os jovens os houvessem abandonado. Todos nós violamos de algum modo o lugar que nos é atribuído no mito da família, mas a mobilidade ascendente dá a essa passagem um aspecto particular. Rico e outros jovens encaminhados para cima na escada social às vezes traíam vergonha pelo sotaque operário e as maneiras rudes dos pais, mas com mais frequência se sentiam sufocados pelas infindáveis estratégias sobre centavos e o cálculo do tempo em passos minúsculos. Esses filhos favorecidos queriam embarcar numa viagem mais folgada.

Agora, muitos anos depois, graças ao encontro no aeroporto, eu tinha a oportunidade de ver como se saíra o filho de Enrico. Devo confessar que, no saguão do aeroporto, não gostei muito do que vi. O terno caro de Rico talvez fosse apenas a plumagem dos negócios, mas o anel de sinete com brasão — sinal de origem familiar nobre — parecia ao mesmo tempo uma mentira e uma traição ao pai. Contudo, as circunstâncias nos juntaram, a Rico e a mim, num longo voo. Ele e eu não tivemos uma daquelas viagens americanas em que um estranho despeja as tripas emocionais em cima da gente, pega bagagens mais tangíveis quando o avião pousa e desaparece para sempre. Sentei-me na poltrona junto dele sem ser convidado, e durante a primeira hora de um longo voo de Nova York a Viena tive de arrancar-lhe informações.

Soube que Rico concretizara o desejo paterno de mobilidade ascendente, mas na verdade rejeitara o estilo do pai. Despreza os "conformistas" e outros protegidos pela armadura da burocracia; acredita, ao contrário, em manter-se aberto à mudança e correr riscos. E prosperou; enquanto Enrico tinha uma renda no último quarto da escala salarial, a de Rico disparara para os cinco por cento do topo. Contudo, para ele, não é uma história inteiramente feliz.

Após diplomar-se, numa universidade local, em engenharia elétrica, Rico foi para uma escola de comércio em Nova York. Lá, casou-se com uma colega, moça protestante de uma família melhor. A escola preparou o jovem casal para frequentes mudanças e trocas de emprego, e eles fizeram isso. Depois da formatura, em quatorze anos de trabalho Rico se mudara quatro vezes.

Começou como consultor tecnológico numa firma de investimentos na Costa Oeste, nos primeiros e eufóricos dias da indústria de computadores do Vale do Silício; depois mudou-se para Chicago, onde também se deu bem. Mas a mudança seguinte se deveu à carreira da esposa. Se fosse uma personagem impelida pela ambição saída das páginas de Balzac, Rico jamais teria feito isso, pois não foi ganhar maiores salários e deixou os viveiros de atividade *high tech* por um escritório mais discreto, embora mais arborizado, no Missouri. Enrico sentiu-se um tanto envergonhado quando Flavia foi trabalhar; Rico vê Jeannette, sua esposa, como uma parceira igual de trabalho, e adaptou-se a ela. Foi nessa altura, quando a carreira dela começou a decolar, que começaram a chegar os filhos.

No *shopping center* do Missouri, as incertezas da nova

economia alcançaram o jovem. Enquanto Jeannette era promovida, ele era demitido — sua empresa foi absorvida por outra, maior, que tinha seus próprios analistas. Assim, o casal fez a quarta mudança, de volta ao leste, para uma área residencial nos arredores de Nova York. Jeannette hoje dirige uma grande equipe de contadores, e ele abriu uma pequena empresa de consultoria.

Por mais prósperos que estejam, no auge mesmo do casal adaptado, um apoiando o outro, marido e mulher muitas vezes receiam estar a ponto de perder o controle de suas vidas. Esse medo está embutido em suas histórias de trabalho.

No caso de Rico, o medo da perda de controle é direto: refere-se ao controle do tempo. Quando disse aos colegas que ia abrir sua própria empresa de consultoria, a maioria aprovou; a consultoria parece o caminho da independência. Mas, ao iniciar, viu-se mergulhado em muitas tarefas subalternas, como fazer suas próprias fotocópias, que antes tinha como certas. Viu-se mergulhado no puro fluxo das redes; todo telefonema tinha de ser respondido, o menor conhecimento pessoal cavado. Para arranjar serviço, tornou-se subserviente aos horários de pessoas que não estão de maneira alguma obrigadas a lhe corresponder. Como outros consultores, quer trabalhar de acordo com contratos que estabeleçam exatamente o que terá de fazer. Mas diz que esses contratos são em grande parte ficções. O consultor em geral tem de correr de um lado para o outro em resposta aos mutáveis caprichos ou ideias daqueles que pagam; Rico não tem um papel fixo que lhe permita dizer aos outros: "É isto que eu faço, é por isso que sou responsável."

A falta de controle de Jeannette é mais sutil. O pequeno grupo de contadores que hoje dirige se divide em pessoas que trabalham em casa, outras, no escritório, e uma falange de funcionários de nível inferior a milhares de quilômetros de distância, ligados a ela por cabo de computador. Em sua atual empresa, regras severas e vigilância de telefones e *e-mail* disciplinam a conduta dos contadores que trabalham na própria firma; para organizar o trabalho de empregados subalternos a milhares de quilômetros, ela não pode fazer julgamentos *in loco*, cara a cara, mas, ao contrário, tem de trabalhar com diretivas formais escritas. Jeannette não tem sentido menos burocracia nessa ordem de trabalho aparentemente flexível; na verdade, suas decisões contam menos que no tempo em que supervisionava trabalhadores agrupados o tempo todo no mesmo escritório.

Como já disse, eu a princípio não me dispunha a derramar muitas lágrimas por esse casal do Sonho Americano. Mas quando serviram o jantar, em nosso voo, e Rico passou a falar num tom mais pessoal, aumentaram as minhas simpatias. Fiquei sabendo que seu receio de perder o controle ia muito mais fundo que a preocupação com a perda de poder no trabalho. Ele temia que as medidas que precisava tomar e a maneira como tinha de viver para sobreviver na economia moderna houvessem posto sua vida emocional, interior, à deriva.

Rico me disse que ele e Jeannette fizeram amizade sobretudo com pessoas que viam no trabalho, e perderam muitas delas nas mudanças dos últimos doze anos, "embora continuemos 'em rede'". Ele busca nas comunicações eletrônicas o senso de comunidade que Enrico mais apreciava quando assistia às reuniões do sindicato de faxineiros, mas o filho acha as comunicações *on-line* breves e apressadas.

— É como com os filhos da gente: quando a gente não está presente, só recebe notícias passadas.

Em cada uma de suas quatro mudanças, os novos vizinhos de Rico trataram seu advento como uma chegada que encerra capítulos passados de sua vida; faziam-lhe perguntas sobre o Vale do Silício ou o *shopping center* no Missouri, mas, diz, "não *veem* outros lugares"; a imaginação deles não estava interessada. É um receio bem americano. A clássica área residencial americana era uma comunidade-dormitório; na última geração, surgiu um tipo diferente de área residencial, mais independente, em termos econômicos, do núcleo urbano, mas na verdade tampouco chegando a ser uma cidadezinha ou aldeia; um lugar desses nasce com a varinha de condão da incorporadora, floresce e começa a decair numa geração. Essas comunidades não deixam de ter vida social ou sentido de vizinhança, mas ninguém nelas se torna testemunha a longo prazo da vida de outra pessoa.

O aspecto fugitivo de amizade e comunidade local forma o pano de fundo da mais importante das preocupações de Rico: sua família. Como Enrico, ele encara o trabalho como seu serviço à família; ao contrário de Enrico, acha que as exigências do trabalho interferem com a conquista desse objetivo. A princípio julguei que falávamos do conflito demasiado conhecido entre o tempo para o trabalho e o tempo para a família.

— Chegamos em casa às sete, jantamos, tentamos encontrar uma hora para o dever de casa das crianças, e depois para tratar de nossa própria papelada.

Quando as coisas ficam difíceis meses seguidos na empresa de consultoria, "é como se eu não soubesse quem são meus filhos". Ele se preocupa com a frequente anarquia em que mergulha a família, e com o abandono das crianças, cujas necessidades não podem ser programadas para encaixar-se nas necessidades de seu trabalho.

Ouvindo isso, tentei tranquilizá-lo; minha esposa, enteado e eu suportamos e sobrevivemos bem a uma vida de alta pressão semelhante.

— Não está sendo justo consigo mesmo — disse eu. — O fato de se preocupar tanto significa que está fazendo por sua família o melhor que pode.

Embora ele se animasse com isso, eu havia entendido mal.
Eu já sabia que, em criança, Rico vivia sufocado sob a autoridade de Enrico; ele me disse então que se sentia esmagado pelas regras mesquinhas que governavam a vida do faxineiro. Agora que era ele próprio pai, perseguia-o o receio da falta de disciplina ética, sobretudo o temor de os filhos se tornarem "pequenos ratos", rondando ao léu pelos estacionamentos dos *shopping centers* à tarde, enquanto os pais permaneciam fora de alcance em seus escritórios.

Por conseguinte, queria estabelecer para o filho e as filhas um exemplo de determinação e senso de objetivo, "mas não se pode simplesmente mandar que as crianças sejam assim"; tinha de dar o exemplo. O exemplo de objetivo que poderia dar, a mobilidade ascendente, é coisa que eles tomam como natural, uma história do passado, não deles próprios, uma história que já acabou. Mas a mais profunda preocupação de Rico era que não podia oferecer aos filhos a substância de sua vida de trabalho como exemplo de como eles devem conduzir-se eticamente. As qualidades do bom trabalho não são as mesmas do bom caráter.

Como acabei entendendo mais tarde, a gravidade de seu medo vem do fosso que separa as gerações de Enrico e Rico. Os líderes empresariais e os jornalistas enfatizam o mercado global e o uso de novas tecnologias como as características distintivas do capitalismo de nossa época. Isso é verdade, sim, mas não vê outra dimensão da mudança: novas maneiras de organizar o tempo, sobretudo o tempo de trabalho.

O sinal mais tangível dessa mudança talvez seja o lema "Não há longo prazo". No trabalho, a carreira tradicional, que avança passo a passo pelos corredores de uma ou duas instituições, está fenecendo; e também a utilização de um único conjunto de qualificações no decorrer de uma vida de trabalho. Hoje, um jovem americano com pelo menos dois anos de faculdade pode esperar mudar de emprego pelo menos onze vezes no curso do trabalho, e trocar sua aptidão básica pelo menos outras três durante os quarenta anos de trabalho.

Um executivo da ATT observa que o lema "Não há longo prazo" está alterando o próprio sentido do trabalho:

> Na ATT, temos de promover todo o conceito de que a força de trabalho é contingente, embora a maioria dos trabalhadores contingentes esteja dentro de nossas paredes. "Empregos" está sendo substituído por "projetos" e "campos de trabalho".[1]

As empresas também distribuíram muitas das tarefas que antes faziam permanentemente em suas instalações por pequenas firmas e indivíduos empregados com contratos de curto prazo. O setor da força de trabalho americana que mais rápido cresce, por exemplo, é o das pessoas que trabalham para agências de emprego temporário.[2]

"As pessoas estão famintas [de mudança]", afirma o guru da administração, James Champy, porque "o mercado pode ser 'motivado pelo consumidor' como nunca antes na história."[3] O mercado, nessa visão, é dinâmico demais para permitir que se façam as coisas do mesmo jeito ano após ano, ou que se faça a mesma coisa. O economista Bennett Harrison acredita que a origem dessa fome de mudança é o "capital impaciente", o desejo de rápido retorno; por exemplo, o período médio de tempo que os investidores seguram suas ações nas bolsas britânicas e americanas caiu 60 por cento nos últimos quinze anos. O mercado acredita que o rápido retorno é mais bem gerado pela rápida mudança institucional.

A ordem de "longo prazo" sob a mira do novo regime, deve-se dizer, teve ela mesma vida curta — as décadas que abrangem os meados do século vinte. O capitalismo do século dezenove tropeçou de desastre em desastre nas bolsas de valores e nos investimentos empresariais irracionais; as loucas oscilações do ciclo comercial pouca segurança ofereciam às pessoas. Na geração de Enrico, após a Segunda Guerra Mundial, essa desordem foi de algum modo posta sob controle na maioria das economias avançadas; sindicatos fortes, garantias do estado assistencialista e empresas em grande escala combinaram-se e produziram uma era de relativa estabilidade. Esse período de mais ou menos trinta anos define o "passado estável" hoje contestado por um novo regime.

Uma mudança na moderna estrutura institucional acompanhou o trabalho a curto prazo, por contrato ou episódico. As empresas buscaram eliminar camadas de burocracia, tornar-se organizações mais planas e flexíveis. Em vez das organizações tipo pirâmide, a administração quer agora pensar nas organizações como redes. "As arrumações tipo rede pesam menos sobre os pés" do que as hierarquias piramidais, declara o sociólogo Walter Powell; "podem ser mais facilmente decompostas ou redefinidas que as vantagens fixas das hierarquias".[4] Isso quer dizer que as promoções e demissões tendem a basear-se em regras nítidas, fixas, e que as tarefas do trabalho não são claramente definidas; a rede redefine constantemente sua estrutura.

Um executivo da IBM certa vez disse a Powell que a empresa flexível "deve tornar-se um arquipélago de atividades relacionadas".[5] O arquipélago é uma imagem adequada para as comunicações numa rede, fazendo-se a comunicação como viagens entre ilhas — mas à velocidade da luz, graças às modernas tecnologias. O computador foi a chave para substituir as lentas e emperradas comunicações que se fazem nas tradicionais cadeias de comando. O setor da força de trabalho que mais rápido cresce lida com serviços de computação e processamento de dados, a área em que trabalham Jeannette e Rico; o computador é usado em praticamente todos os serviços, de muitas formas, por pessoas de todas as categorias. (Ver Tabelas 1 e 7 no Apêndice, para ter um retrato estatístico.)

Por todos esses motivos, a experiência de Enrico, de tempo a longo prazo, narrativo, em canais fixos, tornou-se disfuncional. O que Rico tentava me explicar — e talvez a si mesmo — é que as mudanças materiais englobadas no lema "Não há longo prazo" se tornaram disfuncionais também para ele, mas como diretivas para o caráter pessoal, sobretudo em relação à sua vida familiar.

Vejam a questão do compromisso e lealdade. "Não há longo prazo" é um princípio que corrói a confiança, a lealdade e o compromisso mútuo. A confiança pode, claro, ser uma questão puramente formal, como quando as pessoas concordam numa transação comercial ou dependem de que as outras observem as regras de um jogo. Mas em geral as experiências mais profundas de confiança são mais informais, como quando as pessoas aprendem em quem podem confiar ou com quem podem contar ao receberem uma tarefa difícil ou impossível. Esses laços sociais levam tempo para surgir, enraizando-se devagar nas fendas e brechas das instituições.

O esquema de curto prazo das instituições modernas limita o amadurecimento da confiança informal. Uma violação particularmente flagrante do compromisso mútuo muitas vezes ocorre quando novas empresas são vendidas pela primeira vez. Nas empresas que estão começando, exigem-se longas horas e intenso esforço de todos; quando a empresa abre o capital — quer dizer, oferece ações publicamente negociadas — os fundadores podem vender e pegar o dinheiro, deixando atrás os empregados de níveis inferiores. Se uma organização, nova ou velha, opera como uma estrutura de rede flexível, frouxa, e não com um rígido comando de cima para baixo, a rede também pode afrouxar os laços sociais. O sociólogo Mark Granovetter diz que as redes institucionais modernas se caracterizam pela "força de laços fracos", com o que quer dizer, em parte, que as formas passageiras de associação são mais úteis às pessoas que as ligações de longo prazo, e em parte que fortes laços sociais como a lealdade deixaram de ser atraentes.[6] Esses laços fracos se concretizam no trabalho de equipe, em que a equipe passa de tarefa em tarefa e muda de pessoal no caminho.

Os laços fortes, em contraste, dependem da associação a longo prazo. E, mais pessoalmente, da disposição de estabelecer compromissos com outros. Em vista dos laços fracos tipicamente curtos nas instituições hoje, John Kotter, professor da Escola de Comércio de Harvard, aconselha os jovens a trabalhar "mais fora que dentro" das organizações. Ele defende a consultoria, em vez de "enredar-se" no emprego a longo prazo; a lealdade institucional é uma armadilha, numa economia em que "conceitos comerciais, projetos de produtos, informação sobre concorrentes, equipamento de capital e todo tipo de conhecimento têm períodos de vida dignos de crédito mais curtos".[7] Um consultor que administrou um recente enxugamento de funcionários na IBM declara que, tão logo os empregados "compreendem que não podem contar com a empresa, são negociáveis".[8] O distanciamento e a cooperatividade superficial são uma blindagem melhor para lidar com as atuais realidades que o comportamento baseado em valores de lealdade e serviço.

É a dimensão do tempo do novo capitalismo, e não a transmissão de dados *high-tech*, os mercados de ação globais ou o livre comércio, que mais diretamente afeta a vida emocional das pessoas fora do local de trabalho. Transposto para a área familiar, "Não há longo prazo" significa mudar, não se comprometer e não se sacrificar. Rico de repente explodiu no avião:

— Você não imagina como me sinto idiota quando falo em compromissos mútuos com meus filhos. Para eles, é uma virtude abstrata; não a veem em parte alguma.

Durante o jantar, eu simplesmente não entendi a explosão, que me pareceu despropositada. Mas seu sentido agora ficou claro para mim, como uma reflexão sobre ele mesmo. Queria dizer que as crianças não veem o compromisso mútuo praticado na vida dos pais ou da geração dos pais.

Do mesmo modo, Rico detesta a ênfase no trabalho de equipe e na discussão franca que caracteriza um local de trabalho esclarecido e flexível, assim que esses valores são transpostos para o campo íntimo. Praticado em casa, o trabalho de equipe é destrutivo, assinalando uma ausência de autoridade e de orientação firme na criação dos filhos. Ele diz que, com Jeannette, tem visto muitos pais discutindo cada questão familiar até a exaustão, por receio de dizer "Não!", pais que sabem ouvir muito bem, que entendem magnificamente, em vez de ditar a lei; em consequência, ambos têm visto muitas crianças desorientadas.

— Tudo tem de vir junto — declarou.

Mais uma vez, não entendi direito, e ele explicou o que queria dizer em termos de ver televisão. Talvez como exceção, Rico e Jeannette costumam discutir com os filhos a relação entre os filmes e as comédias de situação que os garotos veem na TV e as notícias nos jornais.

— De outro modo, seria apenas um amontoado de imagens.

Mas as ligações se referem sobretudo à violência e à sexualidade que as crianças veem na televisão. Enrico falava constantemente em pequenas parábolas para incutir questões de caráter; extraía essas parábolas de seu trabalho de faxineiro — como "A gente pode ignorar a sujeira, mas nem por isso ela vai embora". Quando conheci Rico adolescente, ele reagia com certa vergonha a esses fiapos domésticos de sabedoria. Por isso perguntei-lhe no avião se também construía parábolas ou mesmo extraía regras éticas de sua experiência no trabalho. Ele primeiro evitou responder diretamente — "A TV não passa muito esse tipo de coisa" — e depois disse:

— Bem, não, eu não falo desse jeito.

O comportamento que traz o sucesso ou mesmo apenas a sobrevivência no trabalho, portanto, pouco dá a Rico para oferecer como modelo paterno. Na verdade, para esse casal moderno, o problema é exatamente o contrário: como podem eles evitar que as relações familiares sucumbam ao comportamento a curto prazo, ao espírito de reunião, e acima de tudo à fraqueza da lealdade e do compromisso mútuo que assinalam o moderno local de trabalho? Em lugar dos valores de camaleão da nova economia, a família — como Rico a vê — deve enfatizar, ao contrário, a obrigação formal, a confiança, o compromisso mútuo e o senso de objetivo. Todas essas são virtudes de longo prazo.

Esse conflito entre família e trabalho impõe algumas questões sobre a própria experiência adulta. Como se podem buscar objetivos de longo prazo numa sociedade de curto prazo? Como se podem manter relações sociais duráveis? Como pode um ser humano desenvolver uma narrativa de identidade e história de vida numa sociedade composta de episódios e fragmentos? As condições da nova economia alimentam, ao contrário, a experiência com a deriva no tempo, de lugar em lugar, de emprego em emprego. Se eu fosse explicar mais amplamente o dilema de Rico, diria que o capitalismo de curto prazo corrói o caráter dele, sobretudo aquelas qualidades de caráter que ligam os seres humanos uns aos outros, e dão a cada um deles um senso de identidade sustentável.

No fim do jantar, estávamos os dois mergulhados em nossos pensamentos. Eu imaginara, um quarto de século atrás, que o capitalismo tardio conseguira alguma coisa semelhante a uma consumação final; se havia maior liberdade de mercado, menor controle do governo, o "sistema" ainda entrava na experiência cotidiana das pessoas como sempre fizera, com sucesso e fracasso, dominação e submissão, alienação e consumo. As questões de cultura e caráter, para mim, encaixavam-se nessas categorias conhecidas. Mas agora não se podia captar a experiência de nenhuma pessoa jovem com esses velhos hábitos de pensamento.

A conversa de Rico sobre a família também o fizera, evidentemente, pensar em seus valores éticos. Quando nos retiramos para fumar no fundo da cabine, ele me observou que antes era liberal, no generoso sentido americano de se preocupar com os pobres e agir de maneira correta com as minorias, como os negros e homossexuais. A intolerância de Enrico com os negros e estrangeiros envergonhava o filho. Mas disse que, desde que fora trabalhar, se tornara "conservador cultural". Como a maioria de seus pares, detesta os parasitas sociais, para ele encarnados na figura da mãe que vive da previdência e gasta os cheques que recebe do governo em bebida e drogas. Também se tornou um crente dos padrões de comportamento comunal fixos, draconianos, em oposição aos valores de "paternidade liberal", que apenas reproduzem aquelas reuniões que não chegam a nada no trabalho. Como exemplo desse ideal comunal, disse-me que aprova a proposta atual, em alguns círculos conservadores, de tomar as crianças dos maus pais e pô-las em orfanatos.

Fiquei revoltado e debatemos furiosamente, a fumaça pairando acima de nós como uma nuvem. Atropelávamo-nos um ao outro. (E quando revejo minhas anotações, percebo que Rico também gostou um pouco de me provocar.) Ele sabe que seu conservadorismo é apenas isso — uma comunidade simbólica idealizada. Não tem verdadeira expectativa de trancar crianças em orfanatos. Certamente teve pouca experiência, como adulto, do conservadorismo que preserva o passado; por exemplo, outros americanos o trataram, toda vez que se mudou, como se a vida estivesse apenas começando, o passado entregue ao esquecimento. O conservadorismo cultural que defende forma um testamento à coerência que sente faltar em sua vida.

E no que se refere à sua família, seus valores não são simples questão de nostalgia. Rico de fato detesta a experiência real de papel paterno rígido, como a que sofrera nas mãos de Enrico. Não voltaria ao tempo linear que ordenava a existência de Enrico e Flavia mesmo que pudesse; olhou-me com certo desdém quando eu lhe disse que, como professor de faculdade, tenho um emprego vitalício. Trata a incerteza e o correr risco como desafios no emprego; como consultor, aprendeu a ser um competente jogador de equipe.

Mas essas formas de comportamento flexível não lhe serviram em seus papéis de pai ou membro de uma comunidade; ele quer manter relações sociais e oferecer orientação durável. É contra o corte dos laços no trabalho, a deliberada amnésia dos vizinhos e o fantasma de ver os filhos como ratos de *shopping center* que ele afirma a *ideia* de valores duradouros. E assim, Rico viu-se colhido numa armadilha.

Todos os valores específicos que citou são regras fixas: o pai diz não; a comunidade exige trabalho; a dependência é um mal. As incertezas das circunstâncias estão excluídas dessas regras éticas — afinal, é das incertezas aleatórias que Rico quer se defender. Mas é difícil pôr em prática essas regras atemporais.

Essa dificuldade aparece na linguagem que ele usa para descrever suas mudanças pelo país nos últimos quatorze anos. Embora muitas delas não tenham sido de seu próprio desejo, raras vezes usou a voz passiva ao contar os fatos. Por exemplo, não gosta da locução "fui demitido"; em vez disso, quando esse fato desfez sua vida no *shopping center* no Missouri, ele declarou:

— Enfrentei uma crise e tive de tomar uma decisão. — E, sobre essa crise, disse: — Fiz minhas próprias opções; assumo toda a responsabilidade por tantas mudanças.

Parecia seu pai: "Assumir responsabilidade por si mesmo" era a expressão mais importante do léxico de Enrico. Mas Rico não via como agir com base nisso.

Perguntei-lhe:

— Quando você foi demitido no Missouri, por que não protestou, por que não resistiu?

— Claro, eu fiquei furioso, mas isso não adianta nada. Não havia nada de injusto no fato de a empresa enxugar suas operações. O que quer que tenha acontecido, eu tinha de lidar com as consequências. Ia pedir a Jeannette, mais uma vez, que se mudasse por minha causa? Devia pedir a ela? A quem deveria escrever uma carta reclamando?

Não podia tomar medida alguma. Mesmo assim, sente-se responsável por esse fato, que transcendeu o seu controle; toma-o a si literalmente, como um fardo. Mas o que significa "assumir responsabilidade"? Os filhos aceitam a mobilidade como uma realidade do mundo; a esposa está na verdade agradecida pelo fato de ele ter-se disposto a mudar-se por sua causa. Mas a afirmação "Eu assumo a responsabilidade por tantas mudanças" sai de Rico como um desafio. Àquela altura de nossa viagem, compreendi que a última coisa que eu devia responder a esse desafio era: "Como você pôde se julgar responsável?" Seria uma pergunta razoável e um insulto — *você* na verdade não conta.

Enrico tinha um senso meio fatalista, estilo velho mundo, de que as pessoas nasciam numa determinada classe ou condição de vida, e fazia o melhor possível dentro desses limites.

Coisas além do seu controle, como dispensa do trabalho, lhe aconteciam; aí ele enfrentava. Como deixa claro essa discussão que acabei de citar, o senso de responsabilidade de Rico é mais absoluto. O que ele chama a atenção é para sua inflexível disposição de ser responsabilizado por essa qualidade de caráter, e não por um determinado curso de ação. A flexibilidade forçou-o a afirmar a pura força de vontade como a essência de seu próprio caráter ético.

Assumir responsabilidade por fatos fora de nosso controle pode parecer uma conhecida amiga nossa — a culpa —, mas isso caracterizaria Rico de uma maneira errada, pelo menos ao que me pareceu. Não é do tipo que se entrega à autoacusação. Tampouco perdeu a coragem, diante de uma sociedade que lhe parece toda fragmentada. As regras que estabelece para o que uma pessoa de bom caráter deve fazer podem parecer simplistas ou infantis, mas também neste caso isso seria julgá-lo de maneira errada. Ele é, de certa forma, realista; de fato, não faria sentido escrever uma carta aos patrões sobre o estrago que haviam causado em sua família. Assim, Rico se concentra em sua pura determinação de resistir; não vai ficar à deriva. Quer resistir sobretudo à ácida erosão daquelas qualidades de caráter, como lealdade, compromisso, propósito e resolução, que são de longo prazo na natureza. Afirma valores atemporais que caracterizam quem ele é — para sempre, permanentemente, essencialmente. Tornou-se estático; está encurralado na pura e simples afirmação de valores.

O que falta entre os polos opostos de experiência de deriva e afirmação estática é uma narrativa que organize essa conduta. As narrativas são mais simples que as crônicas dos fatos; dão forma ao movimento adiante do tempo, sugerindo motivos pelos quais tudo acontece, mostrando suas consequências. Enrico tinha uma narrativa para a sua vida, linear e cumulativa, uma narrativa que fazia sentido num mundo altamente burocrático. Rico vive num mundo caracterizado, ao contrário, pela flexibilidade e o fluxo a curto prazo; esse mundo não oferece muita coisa, econômica ou socialmente, para a narrativa. As empresas se dividem ou fundem, empregos surgem e desaparecem, como fatos sem ligações. A destruição criativa, disse Schumpeter, pensando nos empresários, exige pessoas à vontade em relação a não calcular as consequências da mudança, ou a não saber o que virá depois. A maioria das pessoas, porém, não se sente à vontade com a mudança desse modo indiferente, negligente.

Certamente Rico não quer viver como um schumpeteriano, embora na luta feroz pela sobrevivência se tenha saído bem. "Mudança" significa simplesmente deriva; Rico preocupa-se com a possibilidade de seus filhos derivarem ética e emocionalmente — mas, como aconteceu com os patrões, não pode escrever uma carta aos filhos para orientá-los no tempo. As lições que quer ensinar a eles são tão atemporais quanto seu próprio senso de determinação — o que significa que seus preceitos éticos se aplicam a qualquer um e a todos os casos. As confusões e ansiedades da mudança criaram nele essa oscilação para o extremo oposto; talvez por isso não possa mostrar sua própria vida como uma história ilustrativa aos filhos, talvez porque, ouvindo-o, não tenhamos senso do desenvolvimento de seu caráter, da evolução de seus ideais.

Descrevi este encontro porque as experiências de Rico com tempo, lugar e trabalho não são únicas; tampouco o é a sua reação emocional. As condições de tempo no novo capitalismo criaram um conflito entre caráter e experiência, a experiência do tempo desconjuntado ameaçando a capacidade das pessoas transformar seus caracteres em narrativas sustentadas.

No fim do século quinze, o poeta Thomas Hoccleve declarou em *The Regiment of Princes*: "*Allas, wher ys this worldes stabylnesse?*" ["Ai de mim, onde anda essa estabilidade do mundo?"] — um lamento que aparece igualmente em Homero ou em Jeremias, no Velho Testamento.[9] Durante a maior parte da história humana, as pessoas têm aceito o fato de que suas vidas mudarão de repente devido a guerras, fomes ou outros desastres, e de que terão de improvisar para sobreviver. Nossos pais e avós viveram em grande ansiedade em 1940, depois de suportarem o naufrágio da Grande Depressão, e enfrentando a iminente perspectiva de uma guerra mundial.

O que é singular na incerteza hoje é que ela existe sem qualquer desastre histórico iminente; ao contrário, está entremeada nas práticas cotidianas de um vigoroso capitalismo. A instabilidade pretende ser normal, o empresário de Schumpeter aparecendo como o Homem Comum ideal. Talvez a corrosão de caracteres seja uma consequência inevitável. "Não há mais longo prazo" desorienta a ação a longo prazo, afrouxa os laços de confiança e compromisso e divorcia a vontade do comportamento.

Creio que Rico sabe que é ao mesmo tempo um homem bem-sucedido e confuso. O comportamento flexível que lhe trouxe o sucesso está enfraquecendo seu caráter de um modo para o qual não há remédio prático. Se ele é o Homem Comum de nossa época, sua universalidade pode estar em seu dilema.

DOIS

Rotina

Há bons motivos para Rico se esforçar por compreender a época em que vive. A sociedade moderna está em revolta contra o tempo rotineiro, burocrático, que pode paralisar o trabalho, o governo e outras instituições. O problema de Rico é o que fazer de si mesmo quando essa revolta contra a rotina for vitoriosa.

Na aurora do capitalismo industrial, porém, não era tão evidente assim que a rotina fosse um mal. Em meados do século dezoito, parecia que o trabalho repetitivo podia levar a duas diferentes direções, uma positiva e frutífera, outra destrutiva. O lado positivo da rotina foi descrito na grande *Enciclopédia* de Diderot, publicada de 1751 a 1772; o lado negativo do tempo de trabalho regular foi retratado da forma mais dramática em *A riqueza das nações*, de Adam Smith, publicado em 1776. Diderot acreditava que a rotina no trabalho podia ser igual a qualquer outra forma de aprendizado por repetição, um professor necessário; Smith, que a rotina embotava o espírito. Hoje, a sociedade fica com Smith. Diderot sugere o que poderíamos perder tomando o lado de seu oponente.

Os artigos que mais chamam a atenção, na *Enciclopédia*, do educado público de Diderot são os que tratam da vida diária:

textos de vários autores sobre a indústria, os vários ofícios e a agricultura. Vinham acompanhados de uma série de gravuras que ilustram como fazer uma cadeira ou cinzelar uma pedra. O desenho do século dezoito caracteriza-se pela elegância do traço, mas a maioria dos artistas usava essa elegância para descrever cenas de lazer aristocrático ou paisagens; os ilustradores da *Enciclopédia* puseram essa elegância a serviço de martelos, prensas gráficas e empilhadeiras. O objetivo das imagens e textos era justificar a inerente dignidade do trabalho.[10]

A dignidade particular da rotina aparece no Volume 5 da *Enciclopédia*, numa série de lâminas que mostram uma fábrica de papel, L'Anglée, localizada a uns noventa quilômetros de Paris, perto da cidade de Montargis. A fábrica é disposta como um castelo, com o bloco principal ligando-se em dois ângulos retos a alas menores; no exterior, vemos *parterres* e *allées* em torno da fábrica, exatamente como apareceriam no terreno de uma mansão aristocrática no campo.

O cenário dessa fábrica modelo — tão bonito para nossos olhos — na verdade dramatiza uma grande transformação que começa na época de Diderot; ali, a casa separava-se do local de trabalho. Até meados do século dezoito, a família atuava como o centro físico da economia. No campo, as famílias faziam a maioria das coisas que consumiam; em cidades como Paris ou Londres, os ofícios também eram praticados na morada familiar. Na casa de um padeiro, por exemplo, diaristas, aprendizes e a família biológica do padeiro "faziam as refeições juntos, e dava-se comida a todos juntos, pois se esperava que todos dormissem e vivessem na mesma casa", como observa o historiador Herbert Applebaum; "o custo da fabricação do pão... incluía a habitação, alimentação e roupa de todas as pessoas que trabalhavam para o amo. Os salários em dinheiro eram uma fração do custo".[11] O antropólogo Daniel

Defert chama isso de economia do *domus*; em vez da escravidão do salário, reinava uma inseparável combinação de abrigo e subordinação à vontade do amo.

Diderot descreve em L'Anglée uma nova ordem de trabalho, liberada do *domus*. A fábrica não oferecia habitação aos trabalhadores em suas instalações; na verdade, essa fábrica foi uma das primeiras na França a recrutar trabalhadores de tão longe que eles tinham de ir a cavalo para o trabalho, em vez de andar a pé. Foi também uma das primeiras a pagar diretamente salários a trabalhadores adolescentes, em vez de aos pais. A aparência atraente, e até mesmo elegante, da fábrica de papel sugere que o gravador via essa separação sob uma luz positiva.

O que nos mostram do lado de dentro é também positivo: reina a ordem. Fazer polpa de papel era na verdade, durante o século dezoito, uma operação caótica e malcheirosa; os trapos usados muitas vezes eram retirados de cadáveres, e depois apodrecidos em cubas durante dois meses, para decompor as fibras. Em L'Anglée, porém, os pisos são imaculados, e nenhum trabalhador parece à beira do vômito. No aposento onde as fibras são transformadas em polpa pelas marteladas de uma prensa — a mais suja de todas as atividades — não há nenhum ser humano. No aposento onde ocorria a mais astuta divisão de trabalho, a polpa retirada e prensada em finas folhas, trabalham três artesãos com a coordenação de um balé.

O segredo dessa ordem industrial estava em suas rotinas precisas. L'Anglée é uma fábrica em que tudo tem seu lugar e todos sabem o que fazer. Mas, para Diderot, esse tipo de rotina não sugere a simples e interminável repetição mecânica de uma tarefa. O mestre-escola que insiste em que o aluno decore cinquenta versos de um poema quer ver a poesia armazenada no cérebro dele, para ser recuperada à vontade e usada no julgamento de outros poemas. Em seu *Paradoxo so-*

bre o ator, Diderot tentou explicar como o ator ou atriz explora as profundezas de um papel repetindo as falas sem parar. E esperava encontrar essas mesmas virtudes da repetição no trabalho industrial.

Fazer papel não é algo bruto; Diderot acreditava — novamente por analogia às artes — que esta rotina estava em constante evolução, à medida que os trabalhadores aprendiam como manipular e alterar cada estágio do processo de trabalho. De forma mais ampla, o "ritmo" de trabalho significa que, repetindo uma operação em particular, se descobre como acelerar ou moderar a atividade, fazer variações, manejar os materiais, desenvolver novas práticas — assim como um músico aprende como conduzir o tempo ao executar uma peça musical. Graças à repetição e ao ritmo, o trabalhador pode alcançar, disse Diderot, "a unidade mental e manual" no trabalho.[12]

Claro, isso é um ideal. Diderot apresenta provas visuais e sutis para torná-lo convincente. Na fábrica de papel, os meninos que cortam trapos rançosos são mostrados trabalhando sozinhos num aposento, sem supervisor adulto. Nas salas de medição, secagem e acabamento, meninos, meninas e homens corpulentos trabalham lado a lado; ali, o público da *Enciclopédia* literalmente via igualdade e fraternidade. O que torna essas imagens em especial atraentes, em termos visuais, são as caras dos trabalhadores. Por mais exigentes que sejam as tarefas em que se empenham, têm os rostos serenos, refletindo a convicção de Diderot de que, pelo trabalho, os seres humanos atingem a paz consigo mesmos. "Vamos trabalhar, sem teorizar", diz Martin em *Cândido*, de Voltaire. "É a única forma de tornar a vida tolerável." Embora mais inclinado a teorizar, Diderot acreditava, como Voltaire, que, dominando a rotina e seus ritmos, as pessoas ao mesmo tempo assumem o controle e se acalmam.

Para Adam Smith, essas imagens de ordeira evolução, fraternidade e serenidade representam um sonho impossível. A rotina embrutece o espírito. A rotina, pelo menos como organizada no capitalismo emergente que ele via, parecia negar qualquer relação entre o trabalho comum e o papel positivo da repetição na criação do produto. Quando Adam Smith publicou *A riqueza das nações*, em 1776, foi visto — e continua sendo — como um apóstolo daquele novo capitalismo. Isso se deveu à declaração que fez no início do livro em favor dos livres mercados. Mas Smith é mais que um apóstolo da liberdade econômica; tinha plena consciência do lado negro do mercado. Essa consciência lhe vinha sobretudo ao considerar a organização da rotina no tempo nessa nova ordem econômica.

A riqueza das nações se baseia numa única grande intuição: Smith acreditava que a livre circulação de moeda, bens e trabalho exigiria que as pessoas fizessem tarefas cada vez mais especializadas. O surgimento de livres mercados vem acompanhado da divisão do trabalho na sociedade. Entendemos facilmente sua ideia da divisão do trabalho observando uma colmeia; à medida que a colmeia aumenta de tamanho, cada uma de suas células se torna o local de um determinado trabalho. Em termos formais, as dimensões numéricas da mudança — seja o volume de dinheiro ou a quantidade de bens no mercado — estão inseparavelmente ligadas à especialização da função produtiva.

O exemplo prático de Smith é uma fábrica de alfinetes. (Não os modernos alfinetes de costura; os alfinetes do século dezoito eram o equivalente das nossas tachas e pregos pequenos, usados em carpintaria.) Ele calculava que um fabricante de alfinetes fazendo tudo sozinho podia produzir no máximo algumas centenas de unidades por dia; numa fábrica operando de acordo com as novas divisões de trabalho, onde a fabricação era dividida em todas as suas partes componentes e cada trabalhador fazia apenas uma delas, um fabricante de alfinetes podia fazer mais de 16 mil unidades por dia.[13] Os negócios que a fábrica de alfinetes proporcionaria no livre mercado só estimulariam a demanda do produto, levando a empresas maiores, com divisões sempre mais elaboradas do trabalho.

Como a fábrica de papel de Diderot, a de alfinetes de Smith é um lugar para trabalhar, mas não para viver. A separação de casa e trabalho é, dizia Smith, a mais importante de todas as modernas divisões de trabalho. E como a fábrica de papel de Diderot, a de alfinetes de Smith opera de forma ordeira graças à rotina, cada trabalhador executando apenas uma função. A fábrica de alfinetes difere da de papel na visão de Smith de como é desastroso, em termos humanos, organizar o tempo de trabalho desse jeito.

O mundo em que Smith viveu há muito estava, claro, familiarizado com rotinas e horários. Os sinos das igrejas, desde o século seis, marcavam o tempo em unidades religiosas do dia; os beneditinos deram um passo importante, no início da Idade Média, tocando os sinos para marcar as horas de trabalhar e as de comer, além das de rezar. Mais próximo da época de Smith, relógios mecânicos haviam substituído os sinos das igrejas, e em meados do século dezoito os relógios de bolso achavam-se em uso generalizado. Agora podia-se saber o tempo matematicamente exato onde quer que se estivesse, ao alcance da vista ou do ouvido de uma igreja ou não: o tempo deixara assim de depender do espaço. Por que a extensão desse esquema de tempo iria revelar-se uma tragédia humana?

A riqueza das nações é um livro muito grande, e os proponentes da nova economia da época de Smith tenderam apenas a referir-se a seu início dramático e otimista. À medida que o texto avança, porém, torna-se sombrio; a fábrica de alfinetes vira um lugar mais sinistro. Smith reconhece que a decomposição das tarefas envolvida na fabricação de alfinetes condenaria os trabalhadores individuais a um dia de um tédio mortal, hora após hora passadas num serviço mesquinho. Em certo ponto, a rotina torna-se autodestrutiva, porque os seres humanos perdem o controle sobre seus próprios esforços; falta de controle sobre o tempo de trabalho significa morte espiritual.

Smith acreditava que o capitalismo de sua época cruzava esse grande abismo; quando declarou que "os que trabalham mais obtêm menos" na nova ordem, pensava mais nesses termos humanos que em salários.[14] Num dos trechos mais sombrios de *A riqueza das nações*, ele escreve:

> No progresso da divisão de trabalho, o emprego da parte muito maior daqueles que vivem do trabalho... passa a limitar-se a umas poucas operações muito simples; frequentemente uma ou duas... O homem que passa a vida realizando umas poucas operações simples... em geral se torna tão estúpido e ignorante quanto é possível tornar-se uma criatura humana.[15]

O trabalhador industrial, assim, nada conhece do autodomínio e da plástica expressividade do ator que memorizou mil falas; a comparação de Diderot, do ator com o trabalhador, é falsa, porque este último não controla seu trabalho. O fazedor de alfinetes torna-se uma criatura "estúpida e ignorante" no correr da divisão do trabalho; a natureza repetitiva de seu trabalho o apaziguou. Por esses motivos, a rotina industrial ameaça degradar o caráter humano em suas próprias profundezas.

Se esse parece um Adam Smith estranhamente pessimista, talvez seja apenas porque ele foi um pensador político mais complexo do que a ideologia capitalista o faz parecer. Em *A teoria dos sentimentos morais*, Smith já defendera, antes, as virtudes da simpatia mútua e da capacidade de identificar-se com as necessidades dos outros. Afirmava que a simpatia é um sentimento moral espontâneo; explode quando um homem ou uma mulher de repente compreende os sofrimentos ou tensões de outro. Mas a divisão do trabalho embrutece a explosão espontânea; a rotina reprime o jorro de simpatia. Claro, Smith equiparava o surgimento dos mercados e a divisão do trabalho com o progresso material da sociedade, mas não com o seu progresso moral. E as virtudes da simpatia revelam uma coisa talvez mais sutil sobre o caráter individual.

O centro moral de Rico, como vimos, estava na decidida asserção de sua vontade; para Smith, a espontânea manifestação de simpatia supera a vontade, arrebata um homem ou mulher em emoções que fogem ao seu controle, como a súbita identificação com os fracassados da sociedade, a compaixão pelos mentirosos habituais ou os covardes. As manifestações de simpatia — reino de tempo espontâneo — nos empurram para fora de nossas fronteiras morais normais. Nada há de previsível ou rotineiro na simpatia.

Ao enfatizar a importância ética dessas explosões de emoção, Smith falava com uma voz diferente entre seus contemporâneos. Muitos deles viam o caráter humano, em seu aspecto ético, como pouco tendo a ver com sentimento espontâneo, ou na verdade com a vontade humana; Jefferson declarou, em *Bill for Establishing Religious Freedom* (1779), que "as opções e crenças dos homens dependem não da vontade deles, mas seguem involuntariamente a prova proposta a suas mentes".[16] O caráter gira em torno do cumprimento do dever; como disse James Madison em 1785, seguir os ditames da consciência "é também inalienável, porque o quê é aqui um direito para os homens, é um dever para o Criador".[17] A Natureza e o Deus da Natureza propõem; o homem obedece.

Adam Smith fala uma linguagem de caráter talvez mais próxima da nossa. O caráter parece-lhe formado pela história e suas voltas imprevisíveis. Uma vez estabelecida, uma rotina não permite muita coisa em termos de história; para desenvolvermos nosso caráter, temos de fugir da rotina. Smith tornou específica essa proposição geral; celebrou o caráter dos homens de negócios, acreditando que eles agiam em reação e com simpatia às cambiantes exigências do momento, assim como tinha pena do estado de caráter dos trabalhadores industriais atrelados à rotina. O homem de negócios, em sua opinião, era o ser humano mais plenamente engajado.

Não nos deve surpreender o fato de que Marx era um leitor atento de Adam Smith, embora dificilmente um celebrante do comércio ou dos comerciantes. Na juventude, Marx admirava pelo menos a teoria geral da espontaneidade em *A teoria dos sentimentos morais*; como analista mais adulto e sóbrio, concentrou-se na descrição por Smith dos males da rotina, divisão do trabalho sem o controle do trabalho pelo trabalhador — estes são os ingredientes essenciais da análise marxista do tempo transformado em produto. Marx acrescentou à descrição da rotina da fábrica de alfinetes de Smith o contraste com práticas mais antigas, como o sistema alemão de *Tagwerk*, em que o trabalhador era pago por dia; nessa prática, o trabalhador podia adaptar-se às condições de seu ambiente, trabalhando diferente quando chovia ou fazia sol, ou organizando tarefas para levar em conta a entrega dos suprimentos; havia ritmo nesse trabalho, porque o trabalhador estava no controle.[18] Em contraste, como escreveria mais tarde o historiador marxista E. P. Thompson, no capitalismo moderno os empregados "sentem uma distinção entre o tempo do patrão e o seu 'próprio' tempo".[19]

Os receios que Adam Smith e Marx tinham do tempo de rotina passaram para nosso século no fenômeno chamado fordismo. É no fordismo que mais dramaticamente podemos documentar a apreensão que Smith sentia quanto ao capitalismo industrial que acabava de surgir em fins do século dezoito, sobretudo no lugar do qual o fordismo recebeu o nome.

A fábrica de Highland Park, da The Ford Motor Company, era em geral considerada, nos anos 1910-14, um ilustre exemplo da divisão do trabalho em bases tecnológicas. Henry Ford era de certa forma um patrão humano; dava bons salários aos trabalhadores, graças a um esquema de pagamento de cinco dólares por dia (o equivalente a 120 por dia em dólares de 1997), e incluiu os empregados num plano de participação nos lucros. As operações nas instalações da fábrica eram outra questão. Henry Ford considerava a preocupação com a qualidade da vida de trabalho "simples fantasia"; cinco dólares por dia eram recompensa suficientemente generosa pelo tédio.

Antes de Ford criar fábricas modelos como Highland Park, a indústria automobilística se baseava no artesanato, com trabalhadores altamente qualificados fazendo muitos serviços complexos num motor ou numa carroceria de automóvel no curso de um dia de trabalho. Esses trabalhadores gozavam de grande autonomia, e a indústria de automóveis era na verdade um conjunto de lojas descentralizadas. "Muitos operários qualificados", observa Stephan Meyer, "frequentemente contratavam e despediam seus ajudantes e pagavam-lhes uma proporção fixa de seus ganhos."[20] Por volta de 1910, o regime do fazedor de alfinetes tomou conta da indústria automobilística.

Quando Ford industrializou seu processo de produção, favoreceu o emprego dos chamados trabalhadores especialistas em relação aos artesãos qualificados; os empregos dos trabalhadores especialistas eram aqueles tipos de operações em miniatura que exigiam pouco pensamento ou julgamento. Na fábrica de Highland Park de Ford, a maioria desses trabalhadores especialistas era composta de imigrantes recentes, enquanto os artesãos qualificados eram alemães e outros americanos mais estabelecidos; tanto a administração quanto os americanos "nativos" julgavam que os novos imigrantes não tinham inteligência para fazer mais que um trabalho de rotina. Em 1917, 55 por cento da força de trabalho eram empregados especialistas; outros 15 por cento eram limpadores e faxineiros não qualificados, que pairavam nas laterais da linha de montagem, e os artesãos e técnicos haviam caído para 15 por cento.

"Homens baratos precisam de gabaritos caros", disse Sterling Bunnell, um dos primeiros defensores dessas mudanças, enquanto "homens altamente qualificados precisam de pouca coisa além de suas caixas de ferramentas".[21] Essa intuição sobre o uso de maquinaria complicada para simplificar o trabalho humano deitou a base para a consumação dos receios de Smith. Por exemplo, o psicólogo industrial Frederick W. Taylor acreditava que a maquinaria e o projeto industrial podiam ser imensamente complicados numa grande empresa, mas não havia necessidade de os trabalhadores compreenderem essa complexidade; na verdade, afirmou, quanto menos fossem "distraídos" pela compreensão do projeto do todo, mais eficientemente se ateriam a seus próprios serviços.[22] Os infames estudos de tempo-movimento de Taylor foram feitos com um cronômetro, medindo em frações de segundo quanto demorava a instalação de um farol ou de um para-choque. A administração do tempo-movimento levou a imagem smithiana da fábrica de alfinetes a um extremo sádico, mas Taylor tinha pouca dúvida de que suas cobaias humanas aceitariam passivamente a medição e a manipulação.

De fato, o que resultou dessa escravidão ao tempo rotineira não foi uma aceitação passiva; David Noble observa que "os trabalhadores mostraram um vasto repertório de técnicas para sabotar os estudos de tempo-movimento, e na verdade ignoraram as especificações de métodos e processos sempre que atrapalhavam ou entravam em conflito com seus próprios interesses".[23] Além disso, a criatura "estúpida e ignorante" de Smith ficava deprimida no trabalho, e isso reduzia sua produtividade. Experiências como as da fábrica de Hawthorn da General Electric mostraram que praticamente toda atenção dada aos trabalhadores como seres humanos sensíveis melhorava sua produtividade; psicólogos industriais como Elton Mayo, portanto, exortaram os administradores a mostrar mais interesse pelos empregados, e adaptaram práticas psiquiátricas de consultoria ao local de trabalho. Contudo, os psicólogos como Mayo eram lúcidos. Sabiam que podiam temperar as dores do tédio, mas não as abolir naquela jaula de ferro de tempo.

As dores da rotina culminaram na geração de Enrico. Num clássico estudo da década de 1950, "Work and Its Discontents" [O trabalho e seus insatisfeitos], Daniel Bell procurou analisar essa apoteose em outra fábrica de automóveis, a de Willow Run da General Motors, em Michigan. A colmeia de Smith tornara-se agora verdadeiramente gigantesca; Willow Run era uma estrutura com um quilômetro de comprimento e meio de largura. Ali se reuniam sob um mesmo teto todos os materiais necessários para fabricar carros, desde o aço bruto a blocos de vidro e curtumes, sendo o trabalho coordenado por uma burocracia altamente disciplinada de analistas e administradores. Uma organização tão complexa só podia funcionar com regras precisas, que Bell chamou de "engenharia racional". Essa jaula imensa, bem engrenada, operava com base em três princípios: "a lógica da dimensão, a lógica do 'tempo métrico' e a lógica da hierarquia".[24]

A lógica da dimensão era simples: maior, mais eficiente. A concentração de todos os elementos de produção num lugar como Willow Run economizava energia, poupava no transporte de materiais e interligava a fábrica com os trabalhadores de escritório e executivos.

A lógica da hierarquia não é tão simples. Max Weber afirmou, ao definir a jaula humana, que "não é preciso prova especial para mostrar que a disciplina militar é o modelo ideal para a fábrica do capitalismo moderno".[25] Em empresas como a General Motors na década de 1950, porém, Bell observou um modelo meio diferente de controle. A "superestrutura que organiza e dirige a produção... extrai todo trabalho cerebral possível da casa; tudo é centralizado nos departamentos de planejamento, cronograma e projeto". Arquitetonicamente, isso significava afastar os técnicos e administradores o máximo possível da maquinaria pulsante. Os generais do trabalho, assim, perdiam o contato físico com suas tropas. O resultado, porém, só reforçava os males embrutecedores da rotina para "o trabalhador da base, cuidando só de detalhes, divorciado de qualquer decisão ou modificação em relação ao produto no qual está trabalhando".[26]

Esses males de Willow Run continuavam a basear-se na lógica taylorista do "tempo métrico". O tempo era minuciosamente calculado em toda parte na vasta fábrica, para que os altos administradores soubessem com precisão o que todos deviam estar fazendo num dado momento. Bell ficou impressionado, por exemplo, com a maneira como a General Motors "divide a hora em dez períodos de seis minutos... o trabalhador é pago pelo número de décimos de hora que trabalha".[27] Esse planejamento minucioso do tempo de trabalho estava ligado a medidas de tempo muito longas também na empresa. O pagamento por antiguidade era finamente sintonizado com o número total de horas que um homem ou mulher trabalhara para a General Motors; um trabalhador podia calcular minuciosamente os benefícios do tempo de férias e ausência por doença. A micrométrica de tempo governava tanto os escalões inferiores dos escritórios como os trabalhadores braçais na linha de montagem, em termos de promoção e benefícios.

Na geração de Enrico, porém, a métrica de tempo já se tornara outra coisa que não um ato de repressão e dominação praticado pela administração em nome do crescimento da gigantesca organização industrial. Intensas negociações sobre esses esquemas preocupavam o sindicato United Auto Workers e a administração da General Motors; a arraia-miúda do sindicato prestava cerrada e às vezes apaixonada atenção aos números envolvidos nessas negociações. O tempo rotinizado se tornara uma arena onde os trabalhadores podiam afirmar suas próprias exigências, uma arena que dava poder.

Foi um resultado político que Adam Smith não previu. As tempestades empresariais que Schumpeter invocou na imagem de "destruição criativa" significavam que o tipo de fábrica de alfinetes de Smith faliu durante todo o século dezenove, sendo sua colmeia racional um desenho no papel que muitas vezes sobreviveu em metal e pedra apenas uns poucos anos. De forma correspondente, para preservar-se desses tumultos, os trabalhadores buscaram rotinizar o tempo, por meio de poupanças em sociedades de ajuda mútua, ou de hipotecas sobre casas adquiridas através de sociedades construtoras. Dificilmente nos dispomos hoje a pensar no tempo rotinizado como uma *conquista* pessoal, mas em vista das tensões, prosperidades e depressões do capitalismo industrial, foi o que se tornou. Isso complicou o sentido do planejamento do tempo de rotina que surgiu no Highland Park da Ford e encontrou uma espécie de consumação na Willow Run da General Motors. Vimos como, com sua atenção obsessiva aos horários rotineiros, Enrico criou uma narrativa positiva para a sua vida. A rotina pode degradar, mas também proteger; pode decompor o trabalho, mas também compor uma vida.

Contudo, a substância do temor de Smith continuou vívida para Daniel Bell, que tentava então compreender por que os trabalhadores não se revoltavam contra o capitalismo. Bell já se achava, por assim dizer, metade de fora da fé socialista. Aprendera que as insatisfações do trabalho, mesmo as profundas, como o esvaziamento do seu conteúdo, não levavam os homens e mulheres a revoltar-se: resistência à rotina não gera revolução. Mas ainda assim Bell continuou sendo um bom filho na casa socialista. Ele acreditava que na vasta fábrica de Willow Run visitara o cenário de uma tragédia.

Um fio ligava a Willow Run de Bell, no tempo, ao Highland Park de Ford, e também à fábrica de alfinetes de Adam Smith. A rotina parecia, em todos esses cenários de trabalho, pessoalmente degradante, uma fonte de ignorância mental — e ignorância de um determinado tipo. O presente imediato pode ser bastante claro, quando um trabalhador maneja a mesma alavanca ou manivela horas a fio. O que falta ao trabalhador da rotina é qualquer visão mais ampla de um futuro diferente, ou o conhecimento de como fazer a mudança. Refraseando essa crítica da rotina, a atividade mecânica não gera um senso de narrativa histórica maior: as micronarrativas na vida de trabalhadores como Enrico teriam parecido a Marx negligenciáveis na escala maior da História, ou meras acomodações a circunstâncias existentes.

É por isso que o velho debate entre Denis Diderot e Adam Smith permanece intensamente vivo. Diderot não achava o trabalho de rotina degradante; ao contrário, julgava que as rotinas geram narrativas, à medida que as regras e ritmos do trabalho evoluem aos poucos. É irônico que esse *boulevardier* e *philosophe*, uma criatura dos mais finos *salons* da Paris do século dezoito, pareça hoje mais um defensor da dignidade inerente do trabalho comum do que muitos dos que falaram em nome do povo. O grande herdeiro moderno de Diderot, o sociólogo Anthony Giddens, tentou manter viva a intuição dele indicando o valor básico do hábito nas práticas sociais e no autoentendimento; só testamos nossas alternativas em relação aos hábitos que já dominamos. Imaginar uma vida de impulsos momentâneos, de ação a curto prazo, despida de rotinas sustentáveis, uma vida sem hábitos, é imaginar na verdade uma existência irracional.[28]

Hoje estamos numa linha divisória na questão da rotina. A nova linguagem de flexibilidade sugere que a rotina está morrendo nos setores dinâmicos da economia. Contudo, a maior parte da mão de obra permanece inscrita no círculo do fordismo. Estatísticas simples são difíceis de encontrar, mas uma boa estimativa dos trabalhos modernos descritos na Tabela 1 é que pelo menos dois terços são repetitivos de uma forma que Adam Smith reconheceria como semelhante à de sua fábrica de alfinetes. O uso do computador no trabalho retratado na Tabela 7 envolve do mesmo modo, na maior parte, tarefas bastante rotineiras, como a entrada de dados. Se acreditássemos, com Diderot e Giddens, que esse trabalho não precisa ser inerentemente degradante, nos concentraríamos nas condições de trabalho em que ele é feito; esperaríamos fazer as fábricas e escritórios se parecerem mais com as cenas de trabalho cooperativo, de apoio mútuo, descritas nas gravuras de L'Anglée.

Se, no entanto, estamos dispostos a encarar a rotina como inerentemente degradante, atacaremos a natureza mesma do próprio processo de trabalho. Detestaremos a rotina e sua mãe, a mão-morta da burocracia. Podemos ser em grande parte levados pelo desejo prático de maior responsividade, produtividade e lucro do mercado. Mas não precisamos ser apenas capitalistas gananciosos; podemos acreditar, como herdeiros de Adam Smith, que as pessoas são estimuladas pela experiência mais flexível, no trabalho como em outras instituições. Podemos acreditar nas virtudes da espontaneidade. A questão se torna então: a flexibilidade, com todos os riscos e incertezas que implica, remediará de fato o mal humano que ataca? Mesmo supondo que a rotina tem um efeito pacificador sobre o caráter, exatamente como vai a flexibilidade fazer um ser humano mais engajado?

TRÊS

Flexível

A palavra "flexibilidade" entrou na língua inglesa no século quinze. Seu sentido derivou originalmente da simples observação de que, embora a árvore se dobrasse ao vento, seus galhos sempre voltavam à posição normal. "Flexibilidade" designa essa capacidade de ceder e recuperar-se da árvore, o teste e restauração de sua forma. Em termos ideais, o comportamento humano flexível deve ter a mesma força tênsil: ser adaptável a circunstâncias variáveis, mas não quebrado por elas. A sociedade hoje busca meios de destruir os males da rotina com a criação de instituições mais flexíveis. As práticas de flexibilidade, porém, concentram-se mais nas forças que dobram as pessoas.

Os primeiros filósofos modernos comparavam o dobrar-se da flexibilidade com os poderes de sensação do eu. Locke, em seu *Ensaio sobre o entendimento humano*, escreveu: "O eu é aquela coisa pensante consciente... sensível ou consciente de prazer e dor, capaz de felicidade ou infelicidade..." Hume, em *Tratado sobre a natureza humana*, afirmava que, "quando entro mais intimamente no que chamo de *eu*, sempre dou com uma ou outra determinada percepção, de calor ou frio, luz ou sombra, amor ou ódio, dor ou prazer".[29] Essas sensações vêm de estímulos do mundo externo, que dobram o eu ora para um lado, ora para outro. A teoria dos sentimentos morais de Smith baseava-se nesses estímulos externos, variáveis.

Desde então, o pensamento filosófico sobre o caráter tem-se esforçado para encontrar princípios de regulação e recuperação interiores que resgatem o senso de individualidade do fluxo sensório. Nos textos após Adam Smith dedicados à economia política, porém, enfatizou-se a simples mudança. Esse tipo de flexibilidade foi associado a virtudes empresariais; após Smith, economistas políticos do século dezenove opuseram a agilidade do empresário à lerda morosidade do trabalhador industrial; John Stuart Mill, em seu *Princípios de economia política*, encarava os mercados como um teatro da vida ao mesmo tempo perigoso e desafiador, e seus comerciantes como artistas da improvisação.

Enquanto Adam Smith era um moralista da simpatia, os economistas políticos que o seguiram concentraram-se num valor ético diferente. Para Mill, o comportamento flexível gera liberdade pessoal. Ainda estamos dispostos a pensar que sim; imaginamos o estar aberto à mudança, ser adaptável, como qualidades de caráter necessárias para a livre ação — o ser humano livre porque capaz de mudança. Em nossa época, porém, a nova economia política trai esse desejo pessoal de liberdade. A repulsa à rotina burocrática e a busca da flexibilidade produziram novas estruturas de poder e controle, em vez de criarem as condições que nos libertam.

O sistema de poder que se esconde nas modernas formas de flexibilidade consiste em três elementos: reinvenção descontínua de instituições; especialização flexível de produção; e concentração de poder sem centralização. Os fatos que se encaixam em cada uma dessas categorias são conhecidos da maioria de nós, nenhum mistério; já avaliar a consequência deles, é mais difícil.

Reinvenção descontínua de instituições. Os manuais e revistas de negócios hoje tendem a retratar o comportamento flexível como exigindo o desejo de mudança; mas na verdade trata-se de um determinado tipo de mudança, com determinadas consequências para nosso senso de tempo. O antropólogo Edmund Leach buscou dividir a experiência de tempo mutante em dois tipos. Em um, sabemos que as coisas mudam, mas parecem ter uma continuidade com o que veio antes. No outro, há um rompimento, por causa de atos que alteraram irreversivelmente nossas vidas.[30]

Vejam, por exemplo, um ritual religioso como a comunhão. Quando recebemos a hóstia, juntamo-nos no mesmo ato realizado por alguém duzentos anos atrás. Se substituímos hóstias brancas por hóstias de trigo pardo não perturbamos muito o sentido do ritual; a nova farinha é incorporada ao rito. Mas se insistimos em que se permita a mulheres casadas oficiar a comunhão, podemos fazer com que o sentido mesmo de "padre" mude de maneira irreversível, e também o da comunhão.

Na esfera do trabalho, os ritmos que Diderot descrevia na fábrica de papel ou os hábitos retratados por Anthony Giddens exemplificam o primeiro sentido de tempo mutante mas contínuo. Em contraste, a mudança flexível, daquela que hoje ataca a rotina burocrática, busca reinventar decisiva e irrevogavelmente as instituições, para que o presente se torne descontínuo com o passado.

A pedra angular da prática administrativa moderna é a crença em que as redes elásticas são mais abertas à reinvenção decisiva que as hierarquias piramidais, como as que governavam a era fordista. A junção entre os nódulos na rede é mais frouxa; pode-se tirar uma parte, pelo menos em teoria, sem destruir outras. O sistema é fragmentado; aí está a oportunidade de intervir. Sua própria incoerência convida nossas revisões.

As técnicas específicas para assim reinventar instituições estão a essa altura bastante resolvidas. Os administradores usam programas de computador que padronizam procedimentos operacionais (SIMS); com o uso de programas SIMS, uma empresa muito grande pode ver o que todas as células de sua colmeia institucional estão produzindo, e assim eliminar rapidamente as unidades repetitivas ou ineficientes. Essas mesmas maquetes de computador possibilitam aos contadores e planejadores industriais avaliar quantitativamente quais programas ou empregados podem ser cortados numa fusão de empresas. "*Delayering*" [remover camadas] é a prática específica de oferecer a um menor número de administradores controle sobre um maior número de subordinados; a "desagregação vertical" dá aos membros de uma ilha empresarial múltiplas tarefas a cumprir.

O termo conhecido para essas práticas é "reengenharia", o fato mais destacado na reengenharia é a redução de empregos. As estimativas dos números de trabalhadores empregados que foram "reduzidos" de 1980 a 1995 variaram de um mínimo de 13 milhões a um máximo de 39 milhões. A redução tem tido uma relação direta com a crescente desigualdade, uma vez que só uma minoria dos trabalhadores espremidos para fora encontrou outro trabalho com os mesmos salários ou maiores. Numa bíblia moderna sobre esse assunto, *Re-engineering the Corporation*, os autores, Michael Hammer e James Champy, defendem a reengenharia organizacional da acusação de ser uma mera cobertura para a demissão de pessoas, afirmando que "reduzir e restruturar significam apenas fazer menos com menos. Reengenharia, em contraste, significa fazer *mais* com menos.[31] Essa declaração sugere eficiência — a própria palavra "reengenharia" invoca uma operação mais compacta, conseguida graças a um decisivo rompimento com o passado. Mas a sugestão de eficiência é enganadora. A mudança irreversível se dá precisamente porque a reengenharia pode ser um processo altamente caótico.

Tornou-se claro para muitos líderes empresariais, em meados da década de 1990, por exemplo, que só na vida de fantasia e muitíssimo bem paga dos consultores pode uma grande organização definir um novo plano de negócios, enxugar-se e "replanejar-se" à perfeição, e depois tocar em frente o novo projeto. Erik Clemons, um dos mais sóbrios e práticos desses consultores, observou autocriticamente que "muitas, até mesmo a maioria, das tentativas de reengenharia fracassam", em grande parte porque as instituições se tornam disfuncionais durante o processo de contração de pessoal: os planos comerciais são descartados e revisados; os benefícios esperados acabam sendo efêmeros; a organização perde o rumo.[32] As mudanças institucionais, em vez de seguirem como uma seta dirigida, vão para lados diferentes e muitas vezes conflitantes: uma unidade que opera com lucro de repente é vendida, por exemplo, mas anos depois a empresa-mãe tenta retornar ao negócio no qual sabia fazer dinheiro antes de buscar reinventar-se. Tais reviravoltas levaram os sociólogos Scott Lash e John Urry a falar com mais largueza da flexibilidade como "o fim do capitalismo organizado".[33]

A expressão pode ser extrema. Contudo, como a ideologia administrativa apresenta a pressão por mudança institucional mais como uma questão de ganhar maior eficiência do que de realizar uma experiência de resultado incerto, precisamos perguntar se deu certo. Especificamente, o novo regime atacou os males da rotina em nome da maior produtividade.

No início dos anos 1990, a Associação Americana de Administração e as empresas Wyatt fizeram estudos de empresas que se empenharam em sérias reduções. A entidade constatou que repetidas reduções produzem "lucros mais baixos e declínio na produtividade do trabalhador"; o estudo da Wyatt descobriu que "menos da metade das empresas atingiu suas metas de redução de despesas; menos de um terço aumentou a lucratividade".[34] Os motivos desse fracasso são em parte evidentes por si mesmos: o moral e a motivação dos trabalhadores caíram acentuadamente nos vários arrochos de redução. Os trabalhadores sobreviventes ficaram mais à espera do próximo golpe do machado que exultantes com a vitória competitiva sobre os demitidos.

Em termos mais gerais, embora as medições de produtividade em larga escala sejam de infinita complexidade, há pelo menos bons motivos para duvidar de que a era atual seja mais produtiva que o passado recente. Vejam, por exemplo, uma medida específica de crescimento, o produto interno bruto. Por esse padrão, o crescimento foi maior na era dos dinossauros burocráticos; as taxas de produtividade reduziram-se em todas as grandes sociedades industriais. (Tabela 3.) Devido aos avanços na tecnologia, houve um significativo aumento no setor de manufatura de alguns países. Mas considerando-se todas as formas de trabalho, de escritório e de fábrica, a produtividade reduziu-se no todo, quer seja medida em termos de produção de trabalhadores individuais ou de hora de trabalho. Alguns economistas têm mesmo afirmado que, quando se somam todos os custos do trabalho computadorizado, a tecnologia mostrou de fato um déficit de produtividade.[35]

Ineficiência ou desorganização não significam, porém, que não há sentido na prática da mudança aguda, demolidora. Essas reorganizações institucionais avisam que a mudança é para valer, e como sabemos muitíssimo bem, os preços das ações de instituições em processo de reorganização muitas vezes sobem, como se qualquer mudança fosse melhor do que permanecer como antes. Na operação dos mercados modernos, a demolição de organizações se tornou lucrativa. Embora possa não ser justificável em termos de produtividade, os retornos a curto prazo para os acionistas proporcionam um forte incentivo aos poderes do caos disfarçados pela palavra "reengenharia", que parece convincente. Empresas perfeitamente viáveis são estripadas ou abandonadas, empregados capazes ficam à deriva, em vez de ser recompensados, simplesmente porque a organização deve provar ao mercado que pode mudar.

Mas há motivos mais fundamentais por trás do moderno capitalismo para buscar uma mudança decisiva, irreversível, por mais desorganizada ou improdutiva que seja. Referem-se à volatilidade da demanda do consumidor. Essa volatilidade produz uma segunda característica dos regimes flexíveis, a especialização flexível de produção.

Especialização flexível. Em termos simples, a especialização flexível tenta pôr, cada vez mais rápido, produtos mais variados no mercado. Em *The Second Industrial Divide*, os economistas Michael Piore e Charles Sabel descrevem como a especialização flexível atua nas maleáveis relações entre empresas mais ou menos pequenas do norte da Itália, permitindo-lhes responder com rapidez às mudanças na demanda do consumo. Essas empresas cooperam e competem ao mesmo tempo, buscando nichos no mercado que cada uma ocupa temporariamente, e não permanentemente, adaptando a curta vida de produto de roupas, têxteis ou peças de máquinas. O governo desempenha um papel positivo, ajudando essas empresas italianas a inovar juntas, em vez de engalfinhar-se em batalhas de vida ou morte. Piore e Sabel chamam o sistema que estudaram de "estratégia de inovação permanente: adaptação à mudança incessante, em vez de esforço para controlá-la".[36]

A especialização flexível é a antítese do sistema de produção incorporado no fordismo. E de uma forma muito específica; na fabricação de carros e caminhões hoje, a velha linha de montagem quilométrica observada por Daniel Bell foi substituída por ilhas de produção especializada. Deborah Morales, que estudou várias dessas fábricas flexíveis na autoindústria, enfatiza como é importante a inovação em resposta à demanda do mercado, mudando-se as tarefas semanais, e às vezes até diárias, que os operários têm de cumprir.[37]

Os ingredientes necessários para a especialização flexível, também aqui, nos são conhecidos. A especialização flexível serve à alta tecnologia; graças ao computador, é fácil reprogramar e configurar as máquinas industriais. A rapidez das modernas comunicações também favoreceu a especialização flexível, pondo dados do mercado global ao alcance imediato da empresa. Além disso, essa forma de produção exige rápidas tomadas de decisões, e assim serve ao grupo de trabalho pequeno; numa grande pirâmide burocrática, em contraste, a tomada de decisões perde rapidez à medida que os documentos sobem ao topo para obter aprovação da sede. O ingrediente de mais forte sabor nesse novo processo produtivo é a disposição de deixar que as mutantes demandas do mundo externo determinem a estrutura interna das instituições. Todos esses elementos de responsividade contribuem para a aceitação da mudança decisiva, demolidora.

Talvez pareça estranho, pelo menos para os americanos, extrair da Itália um exemplo de destacada vantagem na inovação produtiva. Embora empresas americanas e europeias tenham aprendido muita coisa com técnicas japonesas de especialização flexível, a retórica empresarial americana muitas vezes pressupõe que a economia americana é no todo mais flexível que as outras, devido à liberdade de interferência do governo em seu país, maior que na Europa e no Japão, uma rede de nepotismo mais fraca, sindicatos mais fracos e um público disposto a tolerar mudanças econômicas demolidoras. (Tabela 10.)

Esse preconceito americano se baseia no reconhecimento implícito de que o regime flexível é tão político quanto econômico. As questões de flexibilidade tratam de coisas de economia política propriamente dita, e de encontrar formulações contrastantes hoje nos Estados Unidos e em partes da Europa. Haverá limites para até onde as pessoas são obrigadas a dobrar-se? Pode o governo dar às pessoas alguma coisa semelhante à força tênsil de uma árvore, para que os indivíduos não se partam sob a força da mudança?

O banqueiro francês Michel Albert estabelece o contraste entre respostas dividindo as economias políticas dos países avançados nos modelos do "Reno" e "anglo-americano". O primeiro existe há mais de um século na Holanda, Alemanha e França: nele, os sindicatos de trabalhadores e a administração dividem poder, e o aparelho assistencial do governo proporciona uma rede de segurança aparentemente compacta de benefícios em pensões, educação e saúde. Esse modelo do Reno serviu também à Itália, Japão, Escandinávia e Israel.

O outro modelo, o "anglo-americano", refere-se mais à condição da Grã-Bretanha e Estados Unidos hoje do que no passado. Esse modelo dá maior espaço ao capitalismo de livre mercado. Enquanto o modelo do Reno enfatiza certas obrigações das instituições econômicas com o estado, o modelo anglo-americano acentua a subordinação da burocracia do estado à economia, e assim está disposto a afrouxar a rede de segurança proporcionada pelo governo.[38]

O modelo do Reno pode comportar-se de maneira tão flexível e decisiva quanto o anglo-americano em termos de mercados. O norte da Itália, por exemplo, é bastante "renano", em sua mistura de empresa governamental e privada, e também flexível, ao responder com rapidez e eficiência à mutante demanda do mercado. Em algumas formas de manufatura *high-tech*, a densa rede renana de associações mutantes pode na verdade ser mais responsiva à demanda do consumo que sua prima neoliberal, engalfinhada numa batalha incerta contra a "interferência" do governo e decidida a aniquilar os competidores. A relação entre o mercado e o estado contribui para a verdadeira diferença entre os dois regimes.

Os regimes do Reno tendem a pôr freios na mudança quando seus cidadãos menos poderosos sofrem, enquanto o anglo-americano tende mais a seguir as mudanças na organização e nas práticas do trabalho, mesmo quando os fracos podem pagar o preço. O modelo do Reno é de certa forma mais amistoso com a burocracia do governo, enquanto o anglo-americano opera com base no princípio de que o governo é culpado até prova em contrário. Ruud Lubbers, ex-primeiro ministro da Holanda, afirmou que a confiança holandesa no governo na verdade possibilitou mais ajustes econômicos dolorosos governamentais do que uma cidadania mais adversária teria aceitado.[39] Assim, muitas vezes se aplica o rótulo de "neoliberalismo" ao modelo anglo-americano ("liberal" no sentido de não regulado); e o de "capitalismo de estado" ao do Reno.

Esses regimes têm diferentes defeitos. O anglo-americano tem tido baixo desemprego, mas desigualdade salarial. Os fatos brutos da atual desigualdade de riqueza no regime anglo-americano são de fato atordoantes. O economista Simon Head calculou que para os 80 por cento de menor renda da população trabalhadora americana a média dos salários semanais (ajustados pela inflação) caiu 18 por cento de 1973 a 1995, enquanto o salário da elite empresarial subiu 19 por cento, e 66 por cento depois da magia da contabilidade fiscal.[40] Outro economista, Paul Krugman, afirma que o 1 por cento de maior renda dos assalariados americanos mais que duplicou sua renda real na década de 1979-89, em comparação com uma taxa muito inferior de riqueza acumulada nas décadas anteriores.[41] Na Grã-Bretanha, *The Economist* calculou recentemente que os 20 por cento de maior renda da população trabalhadora ganham sete vezes mais que os 20 por cento de menor renda, quando há vinte anos a proporção era de apenas quatro vezes.[42] Um secretário do trabalho assim argumentou: "Estamos a caminho de nos tornar uma sociedade de duas camadas, composta de uns poucos vencedores e um grande grupo deixado para trás", opinião secundada pelo presidente do Federal Reserve Bank [o Banco Central americano], que declarou há pouco que a renda desigual pode tornar-se "uma grande ameaça à nossa sociedade".[43]

Embora nos regimes do Reno a distância salarial não tenha aumentado tanto na última geração, o desemprego se tornou uma praga. Durante três anos, entre 1993 e 1996, a economia americana gerou quase 8,6 milhões de empregos, e de 1992 em diante o mercado de emprego britânico também começou a florescer, enquanto na última década quase todo o mercado de trabalho europeu e japonês estagnou.[44] (Tabela 2.)

O estabelecimento dessas diferenças enfatiza um fato simples. A operação da produção flexível depende de como uma sociedade define o bem comum. O regime anglo-americano tem poucas limitações políticas à desigualdade de riqueza, mas pleno emprego, enquanto as redes assistenciais dos estados renanos, mais sensíveis aos trabalhadores comuns, são um estorvo à criação de emprego. Qual dos males vamos tolerar, depende do bem que buscamos. Por isso é útil a palavra "regime"; sugere os termos de poder nos quais se permite que operem os mercados e a produção.

Concentração sem centralização. Um regime flexível tem uma terceira característica. As mudanças nas redes, mercados e produção que ele utiliza permitem o que parece ser um oxímoro, a concentração de poder sem centralização de poder.

Uma das afirmações em favor da nova organização do trabalho é que descentraliza o poder, quer dizer, dá às pessoas nas categorias inferiores dessas organizações mais controle sobre suas atividades. Certamente é uma afirmação falsa, em termos das técnicas empregadas para desmontar os velhos colossos burocráticos. Os novos sistemas de informação oferecem um quadro abrangente da organização aos altos administradores de uma forma que deixa a indivíduos em qualquer parte da rede pouco espaço para esconder-se; os SIMS substituem as negociações que poderiam proteger os indivíduos ao lidar apenas com seus superiores intermediários. Do mesmo modo, a desagregação vertical e a eliminação de camadas são tudo, menos processos descentralizantes. Há um continente de poder no arquipélago de poder flexível; alguém no continente decide que "Barbados" pode fazer o trabalho antes feito por "Trinidad" e "Guadalupe"; "Barbados" raramente prefere aumentar seus próprios fardos.

A sobrecarga administrativa de pequenos grupos de trabalho com muitas tarefas diversas é uma característica frequente da reorganização empresarial — e contrária às divisões cada vez mais sutis do trabalho que Adam Smith imaginou na fábrica de alfinetes. Fazer tais experiências com dezenas ou centenas de milhares de empregados exige imensos poderes de comando. À economia da desigualdade, a nova ordem acrescenta assim novas formas de poder desigual, arbitrário, dentro da organização.

Em termos de especialização flexível, vejam os computadores pessoais de marcas famosas que compramos; são uma colagem de peças e montagens parciais feitas em todo o mundo, a marca representando no máximo um enquadramento final do todo. A produção deles se dá num mercado global de trabalho e resulta numa prática produtiva chamada de "esvaziamento" [*hollowing*], uma vez que a marca é um símbolo vazio. Em seu estudo clássico *Lean and Mean*, Bennett Harrison mostra com exatidão como o poder hierárquico permanece firmemente no lugar nesse tipo de produção; a grande empresa tem em seu poder o mutante *corps de ballet* de empresas dependentes, e passa as quedas no ciclo dos negócios ou fracassos de produtos para os parceiros mais fracos, que são espremidos com mais força. As ilhas de trabalho ficam ao largo de um continente de poder.

Harrison chama essa rede de relações desiguais e instáveis "concentração sem centralização"; complementa o poder de reorganizar uma instituição de alto a baixo em fragmentos e nódulos de uma rede. O controle pode ser estabelecido instituindo-se metas de produção ou lucro para uma ampla variedade de grupos na organização, que cada unidade tem liberdade de cumprir da maneira que julgar adequada. Essa liberdade, no entanto, é especiosa. É raro as organizações flexíveis estabelecerem metas de fácil cumprimento; em geral as unidades são pressionadas a produzir ou ganhar muito mais do que está em suas capacidades imediatas. As realidades de oferta e procura raramente estão em sincronia com essas metas; o esforço é para forçar cada vez mais as unidades, apesar dessas realidades, uma pressão que vem da alta administração da instituição.[45]

Outra maneira de entender o sistema de poder descrito por Harrison é dizer que a contestação da velha ordem burocrática não significou *menos* estrutura institucional. A estrutura permanece nas forças que impelem as unidades ou indivíduos a realizar; o que fica em aberto é como fazer isso, e o topo da organização flexível raras vezes oferece as respostas. Está mais em posição de fazer a contabilidade de suas próprias exigências do que de indicar um sistema pelo qual elas podem ser cumpridas. "Concentração sem centralização" é uma maneira de transmitir a operação de comando numa estrutura que não mais tem a clareza de uma pirâmide — e a estrutura institucional se tornou mais complexa, não mais simples. Por isso a própria palavra "desburocratização" é enganadora, além de desgraciosa. Nas modernas organizações que praticam a concentração sem centralização, a dominação do alto é ao mesmo tempo forte e informe.

Uma maneira de compreender como os três elementos do regime flexível se juntam está na organização do tempo no local de trabalho. As organizações flexíveis hoje estão fazendo experiências com vários horários do chamado "flexitempo". Em vez de turnos fixos, que não mudam de mês para mês, o dia de trabalho é um mosaico de pessoas trabalhando em horários diferentes, mais individualizados, como no escritório de Jeannette. Esse mosaico de tempo de trabalho parece distante da monótona organização do trabalho na fábrica de alfinetes; na verdade, parece uma liberação do tempo de trabalho, um verdadeiro benefício do ataque da organização moderna à rotina padronizada. As realidades do flexitempo são bem diferentes.

O flexitempo surgiu do novo influxo de mulheres no mundo do trabalho. Mulheres pobres como Flavia sempre trabalharam em maior número que as da burguesia. Na última geração, como observamos, números significativos de mulheres entraram nas fileiras da mão de obra de classe média nos Estados Unidos, Europa e Japão, e continuaram na força de trabalho mesmo depois de ter filhos; juntaram-se às mulheres já empregadas em níveis inferiores dos serviços e da manufatura. Em 1960, cerca de 30 por cento das americanas estavam na força de trabalho assalariada, e 70 por cento não; em 1990, quase 60 por cento estavam na força de trabalho assalariada, e só 40 por cento não. Nas economias desenvolvidas do mundo em 1990, quase 50 por cento da força de trabalho profissional liberal e técnica já eram de mulheres, a maioria empregada em tempo integral.[46] A necessidade, assim como o desejo pessoal, motivou esse trabalho; um padrão de vida de classe média em geral exige hoje dois assalariados adultos. Essas trabalhadoras precisavam, porém, de horas de trabalho mais flexíveis; em todas as classes, muitas delas são empregadas de meio período e mães em período integral. (Tabela 5.)

A entrada de mais mulheres da classe média na força de trabalho ajudou assim a causar maior inovação no planejamento flexível do tempo integral e de meio período. A essa altura, tais mudanças já cruzaram a barreira dos gêneros, de modo que também os homens têm horários elásticos. O flexitempo hoje atua de várias maneiras. A mais simples, usada de alguma forma por cerca de 70 por cento das empresas americanas, é o trabalhador dar uma semana integral de trabalho, mas determinando quando, durante o dia, estará na fábrica ou no escritório. No extremo oposto, cerca de 20 por cento das empresas permitem horários de trabalho "comprimidos", como quando o empregado faz o trabalho de toda uma semana em quatro dias. Trabalhar em casa é hoje uma opção em cerca de 16 por cento das empresas, sobretudo para trabalhadores em serviços, vendas e técnicos, o que se tornou possível em grande parte devido ao desenvolvimento de intrarredes de comunicação. Nos Estados Unidos, homens e mulheres brancos de classe média têm hoje mais acesso a horários flexíveis de trabalho que os que trabalham em fábricas, ou os trabalhadores hispânicos. O flexitempo é um privilégio do dia de trabalho; o trabalho noturno ainda é passado para as classes menos privilegiadas. (Tabela 6.)

Esse fato assinala outra maneira em que o flexitempo, embora parecendo prometer maior liberdade que a do trabalhador atrelado à rotina da fábrica de alfinetes de Smith, está, ao contrário, entretecido numa nova trama de controle. O flexitempo não é como o calendário de folgas, em que os trabalhadores sabem o que esperar; tampouco é comparável com o simples total de horas semanais de trabalho que uma empresa pode estabelecer para seus empregados de nível inferior. A programação flexível do tempo é mais um benefício concedido a trabalhadores favorecidos, diz a analista administrativa Lotte Bailyn, do que um direito trabalhista; é um benefício distribuído de maneira desigual e estritamente racionado. Isso hoje se aplica aos Estados Unidos; outros países estão chegando à prática americana.[47]

Se o flexitempo é a recompensa do empregado, também o põe no domínio íntimo da instituição. Vejam o mais flexível dos flexitempos, o trabalho em casa. Esse prêmio causa grande ansiedade entre os empregadores; eles temem perder o controle sobre os trabalhadores ausentes, e desconfiam de que os que ficam em casa abusam dessa liberdade.[48] Em consequência, criou-se um monte de controles para regular os processos de trabalho concreto dos ausentes do escritório. Exige-se que as pessoas telefonem regularmente para o escritório, ou usam-se controles de intrarrede para monitorar o trabalhador ausente; os *e-mails* são frequentemente abertos pelos supervisores. Poucas organizações que montam esquemas de flexitempo dizem a seus trabalhadores: "Aqui está a tarefa; faça-a como quiser, contanto que seja feita", no modelo do *Tagwerk*. Um trabalhador em flexitempo controla o local do trabalho, mas não adquire maior controle sobre o processo de trabalho em si. A essa altura, vários estudos sugerem que a supervisão do trabalho muitas vezes é na verdade maior para os ausentes do escritório que para os presentes.[49]

Os trabalhadores, assim, trocam uma forma de submissão ao poder — cara a cara — por outra, eletrônica; foi o que descobriu Jeannette, por exemplo, quando se mudou para um local de trabalho mais flexível no Leste. A microadministração do tempo avança rapidamente, mesmo quando o tempo parece desregulado em comparação com os males da fábrica de alfinetes de Smith ou o fordismo. A "lógica métrica" do tempo de Daniel Bell passou do relógio de ponto para a tela do computador. O trabalho é fisicamente descentralizado, o poder sobre o trabalhador mais direto. Trabalhar em casa é a ilha última do novo regime.

Estas, pois, são as forças que dobram as pessoas à mudança: reinvenção da burocracia, especialização flexível de produção, concentração sem centralização. Na revolta contra a rotina, a aparência de nova liberdade é enganosa. O tempo nas instituições e para os indivíduos não foi libertado da jaula de ferro do passado, mas sujeito a novos controles do alto para baixo. O tempo da flexibilidade é o tempo de um novo poder. Flexibilidade gera desordem, mas não livra das limitações.

A versão iluminista da flexibilidade de Smith imaginava que ela enriqueceria tanto ética quanto materialmente as pessoas; seu indivíduo flexível é capaz de súbitas explosões de simpatia pelos outros. Uma estrutura de caráter bastante diferente surge entre os que exercem o poder dentro desse complicado regime moderno. Eles são livres, mas é uma liberdade amoral.

Nos últimos anos tenho ido, no inverno, a um encontro de líderes empresariais e políticos no balneário montanhês suíço de Davos. Chega-se à aldeia subindo uma estreita estrada por entre os Alpes; a própria Davos é uma rua principal ladeada por hotéis, lojas e cabanas de esqui. Thomas Mann situou ali *A montanha mágica*, num grande hotel que foi outrora um sanatório para pacientes de tuberculose. Durante a semana do Fórum Econômico Mundial, Davos é mais sede de poder que de saúde.

Ao longo da rua principal uma serpente de limusines retorce-se diante do palácio de conferências, onde há guardas, cães policiais e detetores de metal. Cada uma das duas mil pessoas que baixam na aldeia precisa de um crachá de segurança eletrônica para entrar no palácio, mas o crachá faz mais do que manter a ralé a distância. Contém um código eletrônico que permite ao portador ler e mandar mensagens num sofisticado sistema de computadores, e assim marcar encontros e fazer negócios — nas salas de café, nas encostas de esqui ou nos perfeitos banquetes cujos esquemas de lugares são muitas vezes destruídos pela pressão dos negócios.

Davos dedica-se ao aquecimento econômico global, o centro de conferências cheio de ex-comunistas louvando as virtudes do livre comércio e do consumo conspícuo. A *lingua franca* é o inglês, assinalando o papel dominante dos Estados Unidos no novo capitalismo, e a maioria das pessoas o fala extremamente bem. O Fórum Econômico Mundial funciona mais como uma corte que como uma conferência. Seus monarcas são chefes de grandes bancos ou empresas internacionais, bons ouvintes. Os cortesãos falam fluentemente e em voz baixa, tentando um empréstimo ou um negócio. Davos custa aos homens de negócios (são sobretudo homens) muito dinheiro, e só vão lá os do topo. Mas a atmosfera cortesã é contaminada por um certo medo, o medo de ser "deixado de fora do circuito" nessa Versalhes coberta de neve.

Uma espécie de ressentimento de família tem-me feito voltar sempre a Davos como observador. Minha família se compunha sobretudo de organizadores esquerdistas. Meu pai e meu tio lutaram na Guerra Civil espanhola; a princípio contra os fascistas, mas no fim da guerra também contra os comunistas. A desilusão pós-combate tem sido, em maior parte, a história da esquerda americana. Minha própria geração teve de abrir mão das esperanças que nos cativavam em 1969, quando a revolução parecia estar a um passo; a maioria de nós acabou indo parar, constrangida, nessa zona nebulosa um pouco à esquerda do centro, onde as palavras bombásticas contam mais que os atos.

E ali, nas encostas de esqui da Suíça, vestidos como para praticar esportes, estão os vencedores. Aprendi uma coisa do meu passado: seria fatal tratá-los como apenas pérfidos. Enquanto os de minha espécie se tornaram adeptos de uma espécie de desconfiança passiva da realidade existente, a corte de Davos estua de energia. Defende as grandes mudanças que assinalaram nossa época: novas tecnologias, ataque às burocracias rígidas, economia transnacional. Poucas das pessoas que conheci em Davos começaram a vida ricas ou poderosas como se tornaram depois. É um reino de conquistadores, e devem muitas de suas conquistas à prática da flexibilidade.

O Homem de Davos está mais publicamente encarnado em Bill Gates, o ubíquo presidente do conselho da Microsoft Corporation. Ele apareceu há pouco; como fazem muitos oradores na reunião, tanto em pessoa quanto ampliado numa imensa tela de televisão. Ouviram-se murmúrios de alguns maníacos da tecnologia na sala, quando a cabeça gigante falou; acham medíocre a qualidade dos produtos da Microsoft. Mas para a maioria dos executivos ele é uma figura heroica, e não só porque ergueu uma empresa enorme do nada. É o próprio epítome do magnata flexível, como ficou demonstrado mais recentemente quando descobriu que não tinha previsto as possibilidades da Internet. Gates volveu suas imensas operações num minuto, reorganizando seu foco empresarial em busca da nova oportunidade de mercado.

Quando eu era criança, tinha uma coleção de livros intitulada Pequena Biblioteca Lênin, que mostrava em detalhes gráficos o caráter do capitalista que se faz a si mesmo. Uma ilustração particularmente espantosa mostrava o velho John D. Rockefeller como um elefante, esmagando infelizes operários sob as patas enormes, a tromba agarrando máquinas de trem e perfuradoras de petróleo. O Homem de Davos pode ser implacável e ganancioso, mas só essas qualidades animais não bastam para explicar os traços de caráter dos magnatas da tecnologia, dos capitalistas de risco e dos expertos em reengenharia empresarial ali reunidos.

Gates, por exemplo, parece não ter a obsessão de se apegar às coisas. Seus produtos surgem numa fúria e desaparecem com a mesma rapidez, enquanto Rockefeller queria ser dono de perfuradoras de petróleo, prédios, máquinas ou estradas de ferro, a longo prazo. A falta de apego a longo prazo parece assinalar a atitude de Gates em relação ao trabalho: ele falou mais de alguém tomar posição numa rede de possibilidades do que ficar paralisado num determinado emprego. Em todos os aspectos, é um competidor brutal, e a prova de sua ganância é do conhecimento público; dedicou apenas uma minúscula fatia de seus bilhões à beneficência ou ao bem público. Mas sua disposição a dobrar-se é evidenciada por estar pronto para destruir o que fez, diante das demandas do momento imediato — tem a capacidade de largar, embora não de dar.

Essa ausência de apego temporal está ligada a um segundo traço de flexibilidade de caráter, a tolerância com a fragmentação. Quando Gates conferenciou no ano passado, deu um determinado conselho. Disse-nos que o crescimento das empresas tecnológicas é um caos, assinalado por algumas experiências, erros e contradições. Outros tecnocratas americanos disseram a mesma coisa aos colegas reno-europeus, que, aparentemente presos em velhos modos formalistas, querem criar uma "política tecnológica" coerente para suas empresas ou países. O crescimento, disseram os americanos, não se dá dessa forma clara, burocraticamente planejada.

Talvez o que leva o capitalista hoje a buscar muitas possibilidades ao mesmo tempo não seja mais que a necessidade econômica. Tais realidades práticas exigem no entanto uma determinada força de caráter — a de alguém que tem a confiança de permanecer na desordem, alguém que prospera em meio ao deslocamento. Rico, como vimos, sofria emocionalmente com os deslocamentos sociais que acompanharam o seu sucesso. Os verdadeiros vencedores não sofrem com a fragmentação. Ao contrário, são estimulados por trabalhar em muitas frentes diferentes ao mesmo tempo; é parte da energia da mudança irreversível.

Capacidade de desprender-se do próprio passado, confiança para aceitar a fragmentação: estes são dois traços de caráter que aparecem em Davos entre pessoas realmente à vontade no novo capitalismo. São traços que encorajam a espontaneidade, mas ali na montanha essa espontaneidade é, na melhor das hipóteses, neutra. Esses mesmos traços de caráter que geram a espontaneidade se tornam mais autodestrutivos para os que trabalham mais embaixo no regime flexível. Os três elementos do sistema de poder flexível corroem o caráter de empregados mais comuns que tentam jogar segundo as mesmas regras. Ou pelo menos foi o que constatei descendo da montanha mágica e voltando a Boston.

QUATRO

Ilegível

Um ano depois de minha conversa com Rico, voltei à padaria de Boston onde, vinte e cinco anos antes, fazendo pesquisa para *The Hidden Injuries of Class*, tinha entrevistado um grupo de padeiros. Fora lá inicialmente perguntar como eles viam o sistema de classes nos Estados Unidos. Como quase todos os americanos, me disseram que pertenciam à classe média; em si, a ideia de classes sociais pouco significava para eles. Os europeus, de Tocqueville em diante, tendem a tomar a aparência por realidade; alguns deduziram que nós americanos somos de fato uma sociedade sem classes, pelo menos em nossas maneiras e crenças — uma democracia de consumidores; outros, como Simone de Beauvoir, afirmaram que somos irremediavelmente confusos sobre nossas verdadeiras diferenças.

Meus entrevistados de um quarto de século atrás não eram cegos; tinham uma maneira suficientemente legível de avaliar classe social, embora não a maneira europeia. Classe envolvia uma estimativa muito mais pessoal do eu e das circunstâncias. Podem-se traçar linhas bem definidas entre as pessoas dessa forma; os fregueses dos restaurantes de *fast food* americanos, por exemplo, tratam os que os servem com uma indiferença e rudeza que seriam insultantes e inaceitáveis num *pub* inglês ou num café francês. As massas parecem não ser dignas de nota como seres humanos, e assim o que importa é o quanto as pessoas se destacam das massas. A obsessão americana com o individualismo expressa a necessidade de *status* nesses termos; a pessoa quer ser respeitada por si mesma. Classe nos Estados Unidos tende a ser interpretada como uma questão de caráter pessoal. E assim, quando 80 por cento de um grupo de padeiros diz "Eu sou classe média", a verdadeira pergunta que está sendo respondida não é o quanto alguém é rico ou poderoso, mas como se vê a si mesmo. A resposta é: Sou bom o bastante.

As medições objetivas de posição social, como fazem os europeus economicamente em termos de classe, são com mais frequência feitas pelos americanos em termos de raça e etnicidade. Ao entrevistar os padeiros de Boston, quando a padaria tinha um nome italiano e fazia pães italianos, a maioria deles era grega; esses gregos eram filhos de padeiros que haviam trabalhado para a mesma empresa. Para tais greco-americanos, "negro" era sinônimo de "pobre", e "pobre" se tornava, pela alquimia que traduzia posição social objetiva em caráter pessoal, um sinal cognato de "degradado". Enfurecia as pessoas que entrevistei na época o fato de que a elite — quer dizer, médicos, advogados, professores e outros brancos privilegiados — sentisse mais pena daqueles negros supostamente preguiçosos e dependentes do que pelos esforços dos americanos trabalhadores, de espírito independente. O ódio racial traía assim uma espécie de consciência de classe.

A etnicidade grega dos padeiros também os ajudava a medir sua posição relativamente inferior na escala social. Eles exploravam muito o fato de os administradores da padaria serem italianos. Muitos italianos de Boston eram tão pobres quanto outros grupos étnicos, mas era um lugar-comum nessas outras comunidades de imigrantes dizer que os italianos que haviam subido na sociedade tinham ajuda da Máfia. Os padeiros se preocupavam com a mobilidade social ascendente entre eles; temiam que os filhos perdessem as raízes gregas ao se tornarem mais americanos. E estavam certos de que os brancos anglo-saxões protestantes de Boston olhavam de cima os americanos imigrantes como eles — talvez uma avaliação realista.

A visão marxista tradicional da consciência de classe se baseia no processo de trabalho, especificamente em como os trabalhadores se relacionam uns com os outros através do seu trabalho. A padaria mantinha os padeiros constrangidamente juntos. O lugar, em um aspecto, assemelhava-se mais à fábrica de papel de Diderot que à de alfinetes de Smith, sendo a fabricação de pães um exercício de balé que exigia anos de treinamento para funcionar direito. Contudo, era muito barulhenta; o cheiro de fermento misturava-se ao de suor humano nos quentes aposentos; os padeiros tinham as mãos constantemente mergulhadas em farinha e água; os homens usavam tanto o nariz quanto os olhos para julgar quando o pão estava pronto. Era forte o orgulho da profissão, mas eles diziam não gostar de seu trabalho, e eu acreditei. Os fornos muitas vezes os queimavam; o primitivo rolo de massa exigia músculos humanos; e era trabalho noturno, o que significava que aqueles homens, tão centrados na família, raras vezes viam as suas durante a semana.

Mas me pareceu, vendo-os labutar, que a solidariedade étnica de ser gregos possibilitava a solidariedade naquele duro labor — bom trabalhador significava bom grego. A equiparação de bom trabalho com bom grego fazia mais sentido no concreto que no abstrato. Os padeiros precisavam cooperar intimamente para coordenar as variadas tarefas da padaria. Quando dois deles, irmãos alcoólatras, se apresentavam sujos ao trabalho, os outros os censuravam falando do caos que estavam criando em suas famílias, e da perda de prestígio das famílias na comunidade em que viviam todos os gregos. Não ser um bom grego era um forte instrumento para envergonhar, e assim o trabalho era disciplinado.

Como Enrico, os padeiros gregos na padaria italiana tinham um conjunto de orientações burocráticas para organizar sua experiência a longo prazo. Os serviços de padaria haviam passado dos pais para eles pelo sindicato local, que também estruturava rigidamente salários, benefícios e pensões. Certo, as clarezas nesse mundo dos padeiros exigiam algumas ficções. O primeiro dono da padaria fora um judeu muito pobre, que transformara o negócio em alguma coisa, depois a vendera a uma organização de médio porte e capital aberto, que empregava administradores de sobrenomes italianos — mas as coisas eram esclarecidas simplesmente equiparando Patrão com Máfia. O sindicato que organizava suas vidas era na verdade um caos, o fundo de pensão saqueado e esgotado. Contudo, disseram-me os padeiros, esses funcionários sindicais corruptos compreendiam as necessidades deles.

Essas eram algumas das maneiras como um grupo de trabalhadores tornava legível, numa linguagem mais pessoal, as condições que um europeu teria lido em termos de classe. A raça media para baixo; a etnicidade para cima e para "nós". O caráter dos trabalhadores expressava-se no trabalho no agir com honra, trabalhando cooperativa e honestamente com outros padeiros, porque pertenciam à mesma comunidade.

Quando voltei à padaria após conversar com Rico, fiquei espantado ao ver como mudara.

Um gigantesco conglomerado da área de alimentos é hoje dono do negócio, mas não se trata de uma operação em massa. Funciona segundo os princípios de organização flexível de Piore e Sabel, usando máquinas sofisticadas, reconfiguráveis. Um dia os padeiros podem fazer mil pães franceses, no dia seguinte mil *croissants*, dependendo da demanda de mercado imediata em Boston. A padaria não mais cheira a suor e é surpreendentemente fria, quando antes os padeiros vomitavam com frequência por causa do calor. Sob as tranquilizantes lâmpadas fluorescentes, tudo agora se passa num estranho silêncio.

Socialmente, não é mais um estabelecimento grego. Todos

os homens que eu conhecera haviam-se aposentado; alguns jovens italianos hoje trabalham lá como padeiros, junto com dois vietnamitas, um maduro e incompetente *hippie* anglo-saxão protestante branco, e vários indivíduos sem identidade étnica visível. Além disso, a casa não é mais composta apenas de homens; um dos italianos era uma moça mal saída da adolescência, outra mulher tinha dois filhos crescidos. Trabalhadores entram e saem durante o dia; a padaria é uma intricada rede de horários de meio período para as mulheres e mesmo para os homens, o velho turno da noite substituído por um horário de trabalho muito mais flexível. O poder do sindicato dos padeiros desgastou-se na loja; em consequência, os mais jovens não são cobertos por contratos sindicais, e trabalham em base contingente, além de horários flexíveis. Mais impressionante ainda, em vista dos preconceitos que dominavam a velha padaria, o supervisor dos padeiros é negro.

Vistas da perspectiva do passado, todas essas mudanças devem confundir. Essa caldeirada de etnicidade, gênero e raça sem dúvida dificulta a interpretação à maneira antiga. Mas ainda prevalece a disposição tipicamente americana de traduzir classe nos termos mais pessoais de *status*. O que é realmente novo é que, na padaria, percebi um terrível paradoxo. Nesse local de trabalho *high-tech*, flexível, onde tudo é fácil de usar, os empregados se sentem pessoalmente degradados pela maneira como trabalham. Nesse paraíso do padeiro, tal reação ao trabalho é uma coisa que eles próprios não entendem. Operacionalmente, tudo é muito claro; emocionalmente, muito ilegível.

A panificação computadorizada mudou profundamente as atividades físicas de balé da padaria. Agora os padeiros não têm contato físico com os materiais ou as bisnagas de pão, monitorando todo o processo por ícones em telas que mostram, por exemplo, imagens da cor do pão, extraídas de dados sobre a temperatura e tempo de cozimento dos fornos; poucos padeiros veem de fato as bisnagas que fazem. Suas telas de trabalho são organizadas da conhecida maneira do Windows; numa delas, aparecem ícones para muito mais tipos diferentes de pão do que os que eram preparados antes — bisnagas russas, italianas, francesas, todas possíveis tocando-se a tela. O pão tornou-se uma representação numa tela.

Como consequência de trabalhar dessa forma, os padeiros não mais sabem de fato como fazer pão. O pão automatizado não é nenhuma maravilha de perfeição tecnológica; as máquinas muitas vezes contam uma história diferente dos pães que crescem lá dentro, por exemplo, não avaliando com precisão a força do fermento, ou a verdadeira cor da bisnaga. Os trabalhadores podem mexer na tela para corrigir um pouco tais defeitos; o que não podem é consertar as máquinas, ou, o mais importante, fazer de fato o pão por controle manual quando elas, demasiadas vezes, pifam. Trabalhadores dependentes de programas, eles também não podem ter conhecimento prático. O trabalho não é mais legível para eles, no sentido de entender o que estão fazendo.

Os horários flexíveis na padaria agravam os problemas do trabalho nesse esquema. As pessoas muitas vezes vão para casa exatamente quando a tragédia está saindo do forno. Não quero dizer que sejam irresponsáveis; antes, que têm outras demandas de seu tempo, filhos para cuidar ou outros empregos aonde têm de chegar na hora. Para lidar com as fornadas computadorizadas que dão errado, é mais fácil jogar fora os pães estragados, reprogramar o computador e recomeçar tudo de novo. Nos velhos tempos, vi muito pouco desperdício na padaria; hoje, todo dia se enchem imensos tonéis plásticos de lixo com montes de pães queimados. Os tonéis de lixo parecem símbolos adequados do que aconteceu à arte do padeiro. Mas não há necessariamente motivo para romantizar essa perda de artesanato humano; como ávido cozinheiro amador, constatei que a qualidade do pão que sobrevive ao processo de produção é excelente, opinião evidentemente partilhada por muitos bostonianos, pois a padaria é popular e lucrativa.

Segundo antigas ideias de classe marxistas, os próprios trabalhadores deviam ser alienados por essa perda de qualificação; deviam ficar furiosos com as condições assombrosas do local de trabalho. Mas a única pessoa que encontrei na padaria que se encaixa nessa descrição foi o supervisor negro, que estava no mais baixo degrau da escada administrativa.

Rodney Everts, como o chamarei aqui, é um jamaicano que veio para Boston quando tinha dez anos e subiu no trabalho à maneira antiga, de aprendiz a mestre padeiro e supervisor. Essa trajetória representa vinte anos de luta. Ele foi imposto à antiga administração como parte de uma lei de igualdade racial; suportou a frieza diária dos velhos gregos, mas subiu por pura determinação e merecimento. Sinais da luta aparecem em seu corpo; está gordo demais, come por ansiedade; nossa conversa a princípio girou em torno de culturas de fermentos e dietas. Rodney Everts recebeu a mudança de administração como uma liberação, uma vez que a nova empresa, nacional, tinha um caráter menos racista, e acolheu as mudanças tecnológicas na padaria como reduzindo seu risco de ataque cardíaco. Recebeu bem sobretudo a aposentadoria dos gregos e a contratação da força de trabalho poliglota. Ele é responsável, na verdade, pela escolha da maioria dos padeiros. Mas também fica furioso com a maneira como eles trabalham cegamente, embora entenda que o baixo nível de solidariedade e qualificação não é culpa dos trabalhadores. A maioria das pessoas que escolhe fica no máximo dois anos na padaria; os jovens trabalhadores, não sindicalizados, são especialmente transitórios. Também fica furioso com a empresa por preferir esses trabalhadores não sindicalizados; Everts está convencido de que, se fossem mais bem pagos, eles ficariam mais tempo. E fica furioso com a empresa por usar horários de flexitempo como um atrativo para o trabalho de nível inferior. Quer todo o seu pessoal junto na padaria, ao mesmo tempo, para cuidar dos problemas da melhor maneira possível. Os tonéis de lixo o deixam furibundo.

Eu me entusiasmei com Rodney Everts quando ele me disse acreditar que muitos desses problemas podiam ser esclarecidos se os próprios trabalhadores fossem donos da padaria. Não é nada passivo diante da incapacidade dos padeiros de fazer pão; deu vários seminários voluntários sobre essa arte, assistidos apenas pelos dois vietnamitas, que mal compreendem seu inglês. Mas fiquei mais impressionado por sua capacidade de recuar para ver com clareza.

— Quando eu era aprendiz, sabe como é, tinha a raiva cega do negro. — Leitor devoto da Bíblia, mostra um pouco das cadências do Rei James em seu discurso. — Agora eu *vejo* este lugar.

Essa clareza era o que o Marx humanista queria dizer com alienação, a infeliz consciência dissociada, que revela, no entanto, as coisas como elas são e onde está a pessoa.

Mas o supervisor está sozinho. As pessoas abaixo dele não se veem com a mesma clareza. Em vez de alienação, o senso que têm da vida diária na padaria se caracteriza pela indiferença. Por exemplo, para ser contratadas hoje, as pessoas dos fornos têm de provar que entendem de computador. Contudo, não usam muito desse conhecimento no emprego, onde simplesmente apertam botões num programa de Windows projetado por outros.

— Padaria, sapataria, gráfica, é só dizer, eu tenho as qualificações — disse uma das mulheres com uma risada, quando olhávamos os tonéis de lixo.

Os padeiros têm uma vívida consciência de que executam tarefas simples e broncas, fazendo menos do que sabem. Um dos italianos me disse:

— Eu vou para casa, faço pão mesmo, sou um padeiro. Aqui, aperto botões.

Quando lhe perguntei por que não assistira ao seminário de Everts, respondeu:

— Não importa; não vou ficar fazendo isso o resto da vida.

Repetidas vezes as pessoas me disseram a mesma coisa com palavras diferentes: Não sou padeiro mesmo. Eis aí pessoas cuja identificação com o trabalho é fraca. Se Bill Gates não é muito apegado a produtos específicos, essa nova geração é indiferente a trabalhos específicos.

Mas a falta de apego também se combina com confusão. Essa flexível força de trabalho poliglota tinha um pouco mais de clareza sobre seu lugar na sociedade. Os padrões de medida raciais e étnicos são menos úteis para eles que para os gregos que trabalharam ali antes. Aceitavam o negro Rodney Everts como seu chefe legítimo, a autoridade baseada na verdadeira qualificação. As mulheres da padaria usavam a palavra "feminismo" com acrimônia. Quando fiz às pessoas as mesmas perguntas que fizera vinte e cinco anos antes — "A que classe você pertence?" — obtive a mesma resposta: classe média. Mas agora desapareceram os velhos subtextos de organização. (Ao fazer essa generalização, tenho de excetuar os vietnamitas, com os quais tinha de falar em francês; em suas ligações comunais, eles se assemelhavam aos gregos que haviam trabalhado ali antes.)

A falta de apego a determinadas tarefas e a confusão sobre posição social poderiam ser toleráveis se também houvesse desaparecido a disposição tipicamente americana de traduzir circunstâncias materiais em questões de caráter pessoal. Mas isso não aconteceu. A experiência do trabalho ainda parece intensamente pessoal. Essas pessoas são fortemente impelidas a interpretar seu trabalho como refletindo sobre si mesmas, como indivíduos. Vinte e cinco anos atrás, eu perguntara aos padeiros gregos: "Por qual motivo você quer ser respeitado?" A resposta era simples: ser um bom pai, e depois um bom trabalhador. Quando fiz a umas vinte pessoas a mesma pergunta ao voltar, sexo e idade complicaram o lado familiar da questão, mas, como antes, ser um bom trabalhador continuava sendo importante. Agora, porém, no regime flexível, as qualidades pessoais para ser um bom trabalhador pareciam mais difíceis de definir.

A tecnologia na padaria é importante para essa fraca identidade com o trabalho, mas não exatamente como se esperava. Em vez de hostis, as máquinas nesse local de trabalho se destinam todas a ser fáceis de usar; têm ícones visuais claros e janelas bem organizadas, que se assemelham às telas dos computadores domésticos. Um vietnamita que mal fala inglês, e que não tem um verdadeiro entendimento da diferença entre uma *baguette* e um *croissant*, pode operá-las. Há um motivo econômico para essas misturadoras, prensas e fornos fáceis de usar; permitem à empresa contratar trabalhadores com salários mais baixos que antes, quando eram os trabalhadores, e não as máquinas, que possuíam as qualificações — embora hoje todos tenham qualificações técnicas formais mais elevadas.

Acabei compreendendo que é a própria facilidade de uso da padaria que pode explicar em parte a confusão que as pessoas sentem sobre si mesmas como padeiras. Em todas as formas de trabalho, desde esculpir a servir refeições, as pessoas se identificam com tarefas que as desafiam, as tarefas difíceis. Mas nesse local de trabalho flexível, com seus trabalhadores poliglotas sempre indo e vindo, e ordens radicalmente diferentes a cada dia, a maquinaria é o único verdadeiro padrão de ordem, e por isso tem de ser fácil para qualquer um, não importa quem, operar. A dificuldade é contraprodutiva num regime flexível. Por um terrível paradoxo, quando diminuímos a dificuldade e a resistência, criamos as condições mesmas para a atividade acrítica e indiferente por parte dos usuários.

Nesse aspecto, dei a sorte de estar na padaria quando uma das máquinas de socar a massa pifou. Embora simples de usar, a máquina tinha um projeto complexo; o sistema operacional do computador era mais opaco, como dizem os projetistas industriais, que transparente. "Fácil de usar" significava uma versão meio unilateral de facilidade. Na padaria, nesse dia, desligou-se a força, deu-se um telefonema, e ficamos duas horas sentados esperando que chegassem, da empresa que projetara as máquinas, os salvadores da assistência técnica.

Assim que se desligou a força, os trabalhadores que esperavam ficaram mal-humorados e irritados. Já acontecera antes, mas não havia como alguém ali entrar naquela arquitetura de sistema opaco para entender, e muito menos resolver, o problema. Os padeiros não eram indiferentes ao fato elementar de que se fizesse o serviço. Num estudo de empregados dos restaurantes McDonald's, Katherine Newman descobriu que trabalhadores supostamente não qualificados de repente despertam a atenção mental e usam todo tipo de aptidão improvisada para manter a operação funcionando diante de uma crise como essa.[50] Os padeiros sentiam o impulso de enfrentar o problema, mas a tecnologia os deixava perplexos.

Seria absurdo, claro, culpar as máquinas. Elas foram projetadas e construídas para trabalhar de uma certa forma; a empresa tolerava o desperdício e o colapso como simplesmente parte do custo dos negócios. Em níveis superiores de trabalho técnico, o advento do computador enriqueceu o conteúdo de muitos serviços. O lado muito mais positivo da tecnologia aparece, por exemplo, no estudo que Stanley Aronowitz e William DiFazio fizeram do impacto do programa AutoCAD, ou desenho com auxílio de computador, num grupo de engenheiros civis e arquitetos que trabalhavam na cidade de Nova York. As pessoas acostumadas a desenhar a mão ficaram excitadas com a possibilidade de manipular imagens de uma forma flexível na tela. Um arquiteto disse aos pesquisadores:

— A princípio, pensei que seriam apenas máquinas de desenhar... mas estou de fato excitado com isto, é como se eu pudesse manipular e desmontar qualquer desenho. Posso esticá-lo, mudá-lo de lugar, tirar uma parte.[51]

Esse uso da máquina sem dúvida estimulou seus usuários de alto nível a pensar.

Contudo, seria igualmente errado excluir a maquinaria do distanciamento e confusões da flexibilidade. Isso se dá porque a nova ferramenta do capitalismo é uma máquina muito mais inteligente que os aparelhos mecânicos do passado. Pode substituir a inteligência dos usuários pela sua própria, e assim levar a novos extremos o pesadelo do trabalho bronco de Smith. Quando o AutoCAD foi introduzido no programa de arquitetura do Instituto de Tecnologia de Massachusetts, por exemplo, um arquiteto protestou que

> quando se desenha um local, quando o pomos no papel quadriculado, ele se entranha em nossa mente. Passamos a conhecer o local de uma maneira que não é possível no computador... Passamos a conhecer o terreno traçando-o e retraçando-o, não deixando o computador "regenerá-lo" para nós.[52]

Do mesmo modo, o físico Victor Weisskopf certa vez disse a alunos que trabalhavam exclusivamente com experiências computadorizadas:

— Quando vocês me mostram esse resultado, o computador entende a resposta, mas não creio que vocês a entendam.[53]

Como qualquer ato de pensar, a inteligência no uso de máquinas é chata quando mais operacional que autocrítica. A analista tecnológica Sherry Turkle conta que entrevistou uma menina muito inteligente sobre como melhor jogar o SimCity, um jogo de planejamento urbano para crianças no computador; uma das regras mais eficazes era: "Elevar impostos sempre leva a motins."[54] A criança não questionava por que elevar impostos sempre leva a motins; só sabia que essa regra tornava o jogo fácil de jogar. No AutoCAD, pode-se desenhar na máquina uma pequena parte de um objeto e ver quase imediatamente ele todo; se imaginamos como ficaria uma cena ampliada, reduzida, invertida, por detrás, umas poucas teclas nos mostram. Mas não nos dirá se a imagem serve para alguma coisa.

O desligamento e a confusão que constatei entre os padeiros de Boston são uma resposta a essas propriedades típicas do uso do computador num local de trabalho flexível. Não seria novidade para esses homens e mulheres saber que a resistência e a dificuldade são importantes fontes de estímulo mental, que quando temos de nos esforçar para conhecer uma coisa, a conhecemos bem. Mas essas virtudes não têm lugar. Dificuldade e flexibilidade são opostos no processo de produção comum do padeiro. Nos momentos em que as máquinas entram em pane, eles se veem de repente impedidos de cuidar do seu trabalho — e isso ricocheteia no senso do próprio trabalho. Quando a mulher na padaria diz "padaria, sapataria, gráfica, é só dizer", seu sentimento pela máquina é de um tipo descontraído, simpático. Mas também, como me disse repetidas vezes, não é padeira. Essas duas declarações estão intimamente relacionadas. A compreensão que ela tem do trabalho é superficial; sua identidade como trabalhadora, leve.

É um lugar-comum dizer que as identidades modernas são mais fluidas que as divisões categóricas das pessoas nas sociedades submetidas a classes do passado. "Fluido" pode querer dizer adaptável. Mas, em outra cadeia de associações, também significa descontração; o movimento fluido exige que não haja impedimentos. Quando tudo nos é facilitado, como no trabalho que descrevi, tornamo-nos fracos; nosso compromisso com o trabalho se torna superficial, uma vez que não entendemos o que fazemos.

Não é esse o mesmo dilema que preocupava Adam Smith? Creio que não. Nada era escondido do trabalhador na fábrica de alfinetes; muita coisa é escondida dos trabalhadores da padaria. O trabalho deles é muito claro, e no entanto muito obscuro. A flexibilidade cria distinções entre superfície e profundidade; aqueles que são objetos menos poderosos da flexibilidade são obrigados a permanecer na superfície.

Os velhos trabalhadores gregos tinham grande dificuldade física para fazer seu trabalho — ninguém desejaria o seu retorno. O trabalho não era nada superficial para eles, devido a seus laços étnicos — e na moderna Boston esses laços de honra comunal talvez tenham também desaparecido para sempre. O que importa agora é o que tomou o lugar deles, a associação do flexível e do fluido com o familiar. São demasiado conhecidos o papel brilhante e as mensagens simples dos anúncios de produtos globais, cada vez mais fáceis de entender. Mas um pouco da mesma linha divisória entre superfície e profundidade assinala o processo produtivo, com suas tarefas fáceis de cumprir, mas cuja lógica mais profunda não se pode decifrar.

Da mesma maneira, as pessoas podem sofrer de superficialidade ao tentar ler o mundo em torno delas e a si mesmas. As imagens de uma sociedade sem classes, com uma maneira comum de falar, vestir e ver, também podem servir para esconder diferenças mais profundas; numa determinada superfície, todos parecem estar num plano igual, mas abrir a superfície pode exigir um código que as pessoas não têm. E se o que elas sabem sobre si mesmas é fácil e imediato, talvez seja demasiado pouco.

As superfícies opacas do trabalho contrastam com os entusiasmos de Davos. No regime flexível, as dificuldades cristalizam-se num determinado ato, o ato de correr riscos.

CINCO

Risco

Até fechar, o Trout Bar era um dos meus lugares de descontração favoritos em Nova York. Localizado no prédio de uma velha fábrica no Soho, não era convidativo: a gente entrava num meio porão, e a vista das janelas oferecia uma perspectiva democrática de sapatos e tornozelos não identificáveis. O Trout era o reino de Rose.

Quando mal saíra do ginásio, ela se casara com um fabricante de chapéus de meia-idade, na época em que os homens usavam chapéu. Como acontecia há trinta anos, logo teve dois bebês. O fabricante de chapéus morrera quase com a mesma rapidez; com o apurado na venda de sua empresa, Rose comprara o Trout. Aparentemente, abre-se caminho no ramo de bares em Nova York tornando-se quente ou ficando morno; a primeira hipótese supõe pegar a população flutuante de modelos, ricos entediados e cobras da imprensa que passam por ser a turma de "classe" da cidade, a segunda exige atrair uma clientela sedentária local. Rose escolheu o último caminho como o mais seguro, e o Trout correspondeu.

A comida do Trout era apenas para os mais ousados. Os cozinheiros, Ernesto e Manolo, não tinham a menor ideia da função do calor no processo de cozinhar, de modo que o raro *cheeseburger* pedido em geral vinha como uma coisa seca, parecendo sola, que exigia uma faca afiada. Mas os dois eram os "meninos" de Rose; ela brincava com eles, berrava com eles, e eles lhe respondiam com rudes comentários em espanhol. Na fachada, a vida social era diferente; as pessoas iam ali para ficar sós. Creio que toda cidade grande tem uns oásis assim. Vi os mesmos fregueses durante uma geração inteira, e tive intermináveis conversas com eles, sem jamais fazer amigos.

Apesar de na verdade nova-iorquina da gema, não gostando de gracinhas, Rose parecia e falava como a personagem que o pessoal da vida boêmia de Nova York prefere. Tinha os olhos ampliados por uns enormes óculos quadrados, que apenas pareciam enfatizar sua voz, uma trombeta nasal que emitia frequentes observações cortantes. A verdadeira personalidade escondia-se por trás dessa fachada. Bufaria de escárnio se eu algum dia lhe dissesse que ela era sensível e inteligente. Mas seu problema era que não se dava muito valor servindo café e bebidas aos atores fracassados, escritores cansados e comerciantes rubicundos do bairro. Teve a necessária crise de meia-idade.

Poucos anos atrás, decidira dar o fora do aconchegante e lucrativo reino que construíra no Trout. Foi um momento lógico de mudança; uma das filhas casara-se, a outra formara-se finalmente na faculdade. Em várias épocas, Rose fora entrevistada por pesquisadores de uma agência de publicidade especializada em bebidas, que punha anúncios em revistas de luxo. Agora falavam-lhe de um contrato de dois anos na agência para alguém trabalhar na revitalização das bebidas fortes, uma vez que o mercado de *scotch* e *bourbon* andava em baixa. Rose agarrou a oportunidade, candidatou-se e foi aceita.

Nova York é a pátria internacional do ramo publicitário, e as pessoas empregadas na indústria da imagem são facilmente identificadas por outros nova-iorquinos. Os homens da imprensa cultivam menos a aparência do funcionário estável que do artista próspero: camisas de seda preta, ternos pretos — muito preto caro. Homens e mulheres do ramo prosperam numa rede de compromissos para almoços e drinques, festas em galerias, noitadas de boate em boate. Um publicitário da cidade certa vez me disse que só há quinhentas pessoas importantes de fato no ramo da publicidade de Nova York, porque estão em evidência e visíveis; os milhares de outros que dão duro nos escritórios habitam uma espécie de Sibéria. A rede de elite atua na base do "zunzum", a corrente de alta voltagem de fofocas que flui dia e noite na cidade.

Não parecia um bom ambiente para Rose abrir as asas. Por outro lado, pode-se chegar a um ponto em que, se não se faz alguma coisa nova, a vida, como um terno muito usado, vai-se tornando cada vez mais esmolambado. Rose pegou a oportunidade com a sensatez do pequeno comerciante; arrendou, em vez de vender, o Trout, para o caso de as coisas não darem certo.

O Trout, na opinião de todos os fregueses, sofreu um declínio sutil mas profundo com a saída de Rose. A nova administradora era de uma simpatia incansável. Encheu as janelas de plantas; salsa e outros tira-gostos saudáveis substituíram os gordurosos amendoins há muito preferidos pela clientela. Ela tinha aquela combinação de indiferença humana e limpeza física que eu associo à cultura californiana.

Passado um ano apenas, porém, Rose estava de volta. A visão desobstruída de pés andando quase imediatamente substituiu as plantas, os amendoins gordurosos retornaram. Durante uma semana, a mulher da Califórnia permaneceu, e depois também ela se foi. Ficamos imensamente aliviados, claro, mas intrigados. A princípio Rose explicava apenas que "não se faz dinheiro mesmo numa empresa", uma declaração aparentemente lógica para os atores desempregados. Comigo, mostrou-se atipicamente evasiva. De vez em quando, nas primeiras semanas, deixava escapar um comentário amargo sobre os "garotos alinhadinhos da alta". Acabou dizendo, a propósito de nada:

— Perdi a coragem.

O mais simples motivo pelo qual achei que Rose voltara foi o choque de cultura. Em marcante contraste com as avaliações diárias de sucesso e fracasso, lucro e perda, que usava na administração de um pequeno negócio, a agência de publicidade atuava misteriosamente — embora nesse ramo os enigmas tenham mais a ver com sucesso e fracasso humanos que com a operação de máquinas. Um dia, no Trout, ela me observou uma "coisa estranha" nas pessoas que vencem no ramo da imagem. As bem-sucedidas na publicidade não são necessariamente as mais ambiciosas, uma vez que todos o são. Os realmente bem-sucedidos parecem os mais capazes de se afastar do desastre, deixando que outros segurem a barra; o sucesso consiste em evitar o balanço do contador.

— O segredo é: não deixar que nada se grude na gente.

Claro, em toda empresa, no fim, há uma totalização. O que impressionou Rose foi que, mesmo após essa conta, a ficha passada de fracassos da pessoa contava menos para os patrões que os contatos e habilidades com a rede.

Esse desconto do fracasso pessoal aplicou-se também a ela. Embora tivesse um contrato formal de dois anos, "deixaram claro que podiam pagar minha saída e me dispensar a qualquer momento". Como arrendara o bar, isso não se revelou uma ameaça mortal. O que a irritava era mais sutil: sentia-se constantemente em teste, mas nunca sabia exatamente em que posição estava. Não havia medidas objetivas que se aplicassem a fazer um bom serviço, além do zunzum e das aptidões necessárias a "não deixar nada grudar na gente". E isso era sobretudo irritante porque Rose fazia uma experiência pessoal. Não entrara naquele mundo para vencer financeiramente, só para fazer alguma coisa mais interessante na vida. Mas após um ano, disse-me:

— Achei que não estava indo a parte alguma; simplesmente não sabia.

Em situações fluidas como essa, as pessoas tendem a concentrar-se nas minúcias dos fatos diários, buscando nos detalhes algum portento de significado — mais ou menos como sacerdotes antigos estudando as entranhas de animais mortos. Como o chefe dá bom-dia de manhã, quem foi convidado apenas para tomar drinques no lançamento da vodca limão e quem para o jantar depois: são esses os portentos do que realmente está acontecendo no escritório. Rose podia lidar em termos práticos com esse tipo de ansiedade trivial, diária; era um dos seres humanos mais fortes que conheci. Mas a sensação de que não tinha âncora no mar faiscante do ramo de imagens desgastou-a por dentro.

Além disso, na agência de publicidade aprendeu uma amarga verdade sobre a experiência passada que a levara a apostar numa vida diferente: as pessoas de meia-idade como ela são tratadas como madeira morta, a experiência que acumularam é tida como de pouco valor. Tudo no escritório se concentrava no momento imediato, o que estava na iminência de surgir, em chegar além da curva; olhos vidram-se no ramo da imagem quando alguém começa uma frase com: "Uma coisa que aprendi é que..."

É preciso coragem para uma mulher de meia-idade como Rose arriscar uma coisa nova, mas a incerteza sobre sua posição, combinada com a negação da experiência que vivera, minou sua coragem. "Mudança", "oportunidade", "novo": tudo soava vazio quando ela decidiu voltar ao Trout. Embora sua disposição de arriscar fosse incomum, embora o ramo da mídia seja incomumente fluido e superficial, seu fracasso ilustra algumas confusões mais gerais sobre a orientação da pessoa num mundo flexível.

Correr riscos pode ser, em muitas circunstâncias diferentes, um teste de alta carga do caráter. Nos romances do século dezenove, figuras como Julien Sorel, de Stendhal, ou Vautrin, de Balzac, se desenvolvem psicologicamente correndo grandes riscos, e, em sua disposição de arriscar tudo, tornam-se figuras heroicas. Quando o economista Joseph Schumpeter evoca a criação destrutiva praticada pelo empresário, escreve no espírito desses romancistas: os seres humanos excepcionais se desenvolvem vivendo constantemente no limite. Os traços de caráter evidenciados em Davos, abrir mão do passado e habitar a desordem, são também formas de viver no limite.

A disposição de arriscar, porém, não mais deve ser domínio apenas de capitalistas de risco ou indivíduos extremamente aventureiros. O risco vai se tornar uma necessidade diária enfrentada pelas massas. O sociólogo Ulrich Beck declara que, na "modernidade avançada, a produção social de riqueza é sistematicamente acompanhada pelas produções sociais de riscos".[55] Numa veia mais caseira, os autores de *Upsizing the Individual and Downsizing Corporation* invocam a imagem do trabalho sendo continuamente trocado de vaso, como uma muda de planta, e do trabalhador como jardineiro. A própria instabilidade das organizações flexíveis impõe aos trabalhadores a necessidade de "trocar de vasos", isto é, correr riscos, com seu trabalho. Esse manual de negócios é típico de muitos outros no fazer dessa necessidade uma virtude. A teoria é que rejuvenescemos nossas energias correndo riscos, e nos recarregamos continuamente.[56] Essa imagem da "troca de vasos" é reconfortante: domestica o heroísmo do risco. Em vez do drama trepidante das jogadas de Julien Sorel, o risco torna-se normal e comum.

A própria palavra "risco" descende da palavra renascentista italiana para "desafiar", *risicare*. A raiz sugere de fato uma atitude de bravata e confiança, mas essa não é a história toda. Até tempos relativamente recentes, os jogos de azar e o correr riscos pareciam um desafio aos deuses. A expressão moderna "tentar a sorte" vem da tragédia grega, em que Ate, a força do destino, pune homens e mulheres pelo orgulho de desafiar demais, de ter presunções sobre o futuro. Acreditava-se que Fortuna, a deusa romana da sorte, determinava todo lance de dados. Nesse universo governado por deuses e Deus, havia espaço para desafiar, mas não muito para a sorte.

Um famoso livro sobre o risco, *Liber Abaci*, de Fibonacci, marcou época ao afirmar o caráter puramente aleatório dos fatos e a capacidade dos seres humanos de administrar seus riscos. O livro de Fibonacci foi publicado em 1202, e baseou-se na prática dos matemáticos árabes de escrever números como 1, 2 ou 804738, que permitiam um tipo de cálculo que não se podia fazer facilmente com os velhos numerais romanos I, II ou MCIV. Os "coelhos" de Fibonacci formavam a parte mais festejada do livro; ele tentou prever quantos coelhos nasceriam num ano de um único casal de pais. Desses cálculos derivou toda uma ciência matemática para prever resultados. Matemáticos do Renascimento italiano como Paccioli e Cardano adotaram a nova ciência de calcular risco, como fizeram Pascal e Fermat na França. Muitas das estratégias de cálculo usadas nos modernos computadores, por sua vez, derivam do trabalho de Jacob Bernoulli e seu sobrinho Daniel Bernoulli, no alvorecer do Iluminismo.

Já em meados do século dezoito as pessoas ainda tentavam entender o risco simplesmente pela discussão verbal; a empresa de seguros Lloyd's, de Londres, por exemplo, começou como uma taverna onde os estrangeiros conversavam e trocavam informação sobre embarques e outros empreendimentos arriscados, alguns dos participantes tomando decisões de investimentos com base no que ouviam.[57] A revolução lançada por Fibonacci acabou substituindo a discussão pelo cálculo impessoal, como nas projeções que tornam possíveis as elaboradas apostas laterais, derivativos e apostas dos dois lados da moderna máquina financeira.

Contudo, o medo de tentar a sorte paira sobre a administração do risco. "Quem pode pretender ter penetrado tão profundamente na natureza da mente humana ou na maravilhosa estrutura [das quais] depende o jogo", perguntava Jacob Bernoulli em 1710, "que arriscaria predizer quando esse ou aquele jogador iria perder ou ganhar?"[58] O cálculo puramente matemático não pode deslocar os aspectos psicológicos da análise de riscos; em seu *Treatise on Probability*, John Maynard Keynes declarou que "há pouca chance de descobrirmos um método de reconhecer determinadas probabilidades, sem qualquer ajuda da intuição ou julgamento direto".[59] As pessoas se concentram emocionalmente, afirmou o psicólogo Amos Tversky, é na perda.

Em consequência de numerosas experiências de laboratório, Tversky chegou à conclusão de que na vida diária as pessoas se interessam mais pelas perdas que pelos ganhos, quando assumem riscos em suas carreiras ou casamentos, assim como na mesa de jogo, que "as pessoas são muito mais sensíveis a estímulos negativos que positivos... Umas poucas coisas nos fariam sentir melhor, mas o número das que nos fariam sentir pior é ilimitado".[60] Tversky e seu colega Daniel Kahneman tentaram descobrir, em particular, o que se poderia chamar de medo matemático. A obra deles se baseia no fenômeno da regressão, o fato de que qualquer aposta vitoriosa no rolar dos dados não leva a outra aposta vitoriosa, mas antes regride para uma média indeterminada: o próximo rolar dos dados pode ser bom ou ruim.[61] O momento imediato é governado pela sorte cega, não por Deus.

Por esse motivo é que o risco é bem diferente de um alegre cálculo das possibilidades contidas no presente. A matemática do risco não oferece garantias, e a psicologia do correr risco se concentra muito razoavelmente no que se pode perder.

Foi assim que se deu a aposta vital de Rose.

— Fiquei eufórica nas primeiras semanas; nada mais de Manolo, nem mesmo do queridinho Richard, nada mais de vocês. Eu era executiva de uma empresa. Depois, claro, comecei a ter saudades de vocês todos, só um pouquinho, e claro que odiava o que aquela loura estava fazendo no meu negócio. — Rose fez uma pausa. — Mas o que me pegou... não foi de fato tão claro.

Claro, eu disse, qualquer pessoa na sua idade vai se sentir apreensiva; o lugar parecia caótico e irracional.

— Não, nem mesmo isso. Fiquei deprimida apenas pelo simples fato de estar fazendo uma coisa nova.

A pesquisa de Tversky e Kahneman sugere que, ao falarmos de risco, usamos a locução "estar em risco"; estar em risco é inerentemente mais deprimente que promissor. Permanecer num estado contínuo de vulnerabilidade é a proposta que, talvez sem o saber, os autores dos manuais de negócios fazem quando celebram o risco diário na empresa flexível. Claro, no caso de Rose, ela não ficou clinicamente deprimida; parece ter feito seu trabalho com vigor. Em vez disso, conheceu uma espécie de preocupação surda, contínua, reforçada pela exagerada ambiguidade do sucesso e fracasso no ramo da publicidade.

Inerente em todo risco está a regressão à média. Cada rolar dos dados é aleatório. Posto em outros termos, falta matematicamente ao risco a qualidade de uma narrativa, em que um acontecimento leva ao seguinte e o condiciona. As pessoas podem, claro, negar o fato da regressão. O jogador faz isso quando diz que está com sorte, numa maré de sorte, quente; fala como se os lances dos dados estivessem relacionados, e o ato de arriscar portanto assume as qualidades de uma narrativa.

Mas é uma história perigosa. Na evocativa formulação de Peter Bernstein, "damos demasiada atenção a acontecimentos de baixa probabilidade acompanhados por grande drama e ignoramos os que acontecem de forma rotineira... em consequência, esquecemos da regressão à média, ficamos demais em nossas posições e acabamos encrencados".[62] *O jogador*, de Dostoievski, poderia ter servido a Bernstein, Tversky e Kahneman como um exemplo de como o desejo de uma narrativa dramática de risco é esvaziado pelo conhecimento das personagens de sorte fictícias. No romance, a necessidade de que tudo dê certo se combina com o conhecimento do jogador de que não é obrigatório que dê.

Fiz a Rose uma versão mais objetiva da pergunta sobre a narrativa de vida que fiz a Rico: qual é a história que você contaria sobre esse ano na parte elegante da cidade?

— História?

Como as coisas mudaram no curso de um ano?

— Bem, dessa forma não mudaram; eu estava sempre de volta a casa um.

Mas não pode ser; eles a mantiveram quando mandavam outros embora?

— Ééé, eu sobrevivi.

Então devem ter gostado do seu trabalho.

— Escuta, aqueles cavalheiros têm memórias muito curtas. Como eu disse, a gente está sempre começando de novo, tem de se provar todo dia.

Estar continuamente exposto ao risco pode assim corroer nosso senso de caráter. Não há narrativa que supere a regressão à média, estamos sempre "sempre começando de novo".

Essa história básica, porém, poderia ter tido um colorido diferente numa sociedade diferente. A dimensão sociológica da exposição de Rose ao risco está no modo como as instituições moldam os esforços do indivíduo para mudar sua vida. Vimos alguns dos motivos pelos quais as instituições modernas não são elas próprias rígidas e claramente definidas; a incerteza delas resulta de atacar a rotina, embora enfatizando atividades de curto prazo, pela criação de redes amorfas, altamente complexas, em lugar das burocracias de estilo militar. O risco de Rose ocorreu numa sociedade que busca desregular o tempo e o espaço.

Risco é uma questão de passar de uma posição para outra. Uma das mais poderosas análises do movimento na sociedade moderna veio do sociólogo Ronald Burt. O título de um de seus livros, *Structural Holes*, sugere a peculiaridade da troca de lugares numa organização frouxa; quanto mais brechas, desvios ou intermediários entre as pessoas numa rede, mais fácil será a movimentação dos indivíduos. A incerteza na rede favorece as chances de movimento; o indivíduo pode aproveitar-se de oportunidades não previstas por outros, explorar controles fracos da autoridade central. Os "buracos" numa organização são os locais de oportunidade, não as vagas claramente definidas de promoção numa pirâmide burocrática tradicional.

Claro, o simples caos não pode, por si só, ser amigo de quem corre risco. O sociólogo James Coleman observa que as pessoas devem sacar contra um fundo de capital social — tanto experiências passadas partilhadas quanto realizações e talentos pessoais — como ajuda para navegar numa rede frouxa. Outros sociólogos de mobilidade nas redes enfatizam que a pessoa que se apresenta ao novo patrão ou grupo de trabalho tem de ser atraente, além de estar disponível; o risco envolve mais que simplesmente oportunidade.[63]

A obra de Burt indica um importante fator humano também transmitido pela corte de Davos: aquele que gosta de arriscar tem de permanecer na ambiguidade e incerteza. Os homens de Davos mostraram-se à vontade nessa condição. Os indivíduos menos poderosos que tentam explorar a ambiguidade acabam sentindo-se exilados. Ou, ao andarem, perdem o caminho. No capitalismo flexível, a desorientação envolvida no marchar para a incerteza, para os tais buracos estruturais, se dá de três formas específicas: por "mudanças laterais ambíguas", "perdas retrospectivas" ou resultados salariais imprevisíveis.

À medida que as hierarquias piramidais são substituídas por redes mais frouxas, as pessoas que mudam de emprego experimentam muitas vezes o que os sociólogos chamaram de "mudanças laterais ambíguas". São mudanças em que a pessoa na verdade se mexe para o lado, embora acreditando que está subindo na rede frouxa. Esse movimento de caranguejo ocorre, afirma o sociólogo Manuel Castells, mesmo que as rendas se tornem mais polarizadas e desiguais; as categorias de emprego se tornam mais amorfas.[64] Outros estudiosos da mobilidade social enfatizam o que se chama de "perda retrospectiva" na rede flexível. Como as pessoas que arriscam fazendo mudanças em organizações flexíveis muitas vezes têm pouca informação concreta sobre o que implicará uma nova posição, só em retrospecto compreendem que tomaram más decisões. Não teriam corrido o risco se soubessem. Mas as organizações tantas vezes se acham em estado de fluxo interno que é inútil alguém tentar tomar decisões racionais sobre seu futuro com base na atual estrutura de sua empresa.[65]

O mais obstinado cálculo que as pessoas querem fazer ao mudar-se é se vão ganhar mais dinheiro; as estatísticas sobre os salários da mudança na atual economia são desencorajadoras. Hoje mais pessoas perdem que ganham mudando de cargo dentro da empresa; 34 por cento perdem significativamente, 24 por cento ganham significativamente. (Tabela 8.) Uma geração atrás, os números eram mais ou menos o contrário; melhorava-se um pouco mais mudando para uma nova empresa do que com a promoção interna. Mesmo assim, a taxa de mudança de emprego entre empresas era mais baixa que hoje; fatores como segurança do emprego e compromisso com a empresa mantinham as pessoas em seus lugares.

Seguir a trilha estatística que estabelece esses padrões, quero enfatizar, exige uma completa incursão num emaranhado de idade, origem de classe dos pais, raça, educação e simples sorte. As coisas dificilmente ficam mais claras com distinções mais sutis. Parece, por exemplo, duas vezes mais provável que corretores de ações demitidos "por desempenho medíocre" ganhem com a mudança do que os que dizem ter deixado voluntariamente a empresa. Por que isso, não é evidente por si mesmo. Poucas pessoas podem fazer sua própria pesquisa.

Por esses três motivos, a mobilidade ocupacional nas sociedades contemporâneas é muitas vezes um processo ilegível. Contrasta, por exemplo, com as negociações entre sindicatos que representam grandes blocos de trabalhadores e administradores que controlam instituições igualmente grandes. Estas resultam em ganhos e perdas coletivas de renda nítidos, além de determinar a promoção ou rebaixamento; tais negociações entre mão de obra e administração eram inteiramente categóricas. Na apropriada expressão da analista de negócios Rosabeth Moss Kantor, hoje os velhos "elefantes" burocráticos "estão aprendendo a dançar".[66] Parte dessa nova dança é resistir a negociações categóricas em grandes instituições, e em vez disso traçar caminhos mais fluidos e individualizados para promoções ou salários. Na General Motors, as escalas de salário e definições de cargos são infinitamente mais complicadas hoje do que em meados do século, quando Daniel Bell constatou que dirigia um rígido regime coletivo.

Se as pessoas não sabem o que vai acontecer quando assumem o risco de mudar, por que jogar? A padaria de Boston é um caso interessante nesse aspecto, porque a empresa jamais teve de reduzir suas operações; ao contrário, está constantemente precisando de trabalhadores. As pessoas não são forçadas a sair; em vez disso, os empregados saem voluntariamente, como na verdade fez o homem que me declarou: "Não vou ficar fazendo isto o resto de minha vida." Os altos administradores mostram-se defensivos sobre essas saídas; mostram como o lugar de trabalho é seguro, atraente e atualizado. Rodney Everts é menos defensivo, mas igualmente perplexo.

— Quando eles me dizem que não há futuro aqui, pergunto o que querem. Não sabem; me respondem que não se deve ficar preso num lugar.

Felizmente, o mercado de trabalho em Boston para trabalhadores de baixos salários está forte no momento, mas há alguma coisa intrigante no simples impulso de sair.

Quando falei a Everts do texto sociológico sobre buracos estruturais, ele respondeu:

— Assim, a ciência nos mostra que os seres humanos são atraídos para o perigo, como a mariposa para a chama.

(Como eu já disse, ele é um leitor atento da prosa do Rei James.) Mas o impulso de correr risco, por mais cego, incerto ou perigoso que seja, fala a um conjunto mais cultural de motivações.

Se todo risco é uma viagem pelo desconhecido, o viajante em geral tem em mente um destino. Julien Sorel queria chegar às classes altas. A moderna cultura do risco é peculiar naquilo que não se mexer é tomado como sinal de fracasso, parecendo a estabilidade quase uma morte em vida. O destino, portanto, conta menos que o ato de partir. Imensas forças sociais e econômicas moldam a insistência na partida: o desordenamento das instituições, o sistema de produção flexível — realidades materiais que se fazem elas mesmas ao mar. Ficar firme é ser deixado de fora.

A decisão de partir, portanto, parece já uma consumação; o que importa é que decidimos sair. Numerosos estudos do risco indicam que as pessoas sentem o "barato" estimulante quando decidem sair, partir. Foi assim com Rose também. Mas após essa exaltação inicial, a história não acabou. Ela estava sempre recomeçando, exposta todo dia. A matemática do acaso, inerentemente deprimente, foi agravada para ela por um mundo empresarial em que ela jamais sabia quais as apostas na mesa. Essa indeterminação se aplica a outros que buscam mais dinheiro ou uma melhor posição.

Para pessoas com ligações tênues ou superficiais com o trabalho, como os padeiros, pouco motivo existe para permanecerem. Alguns marcos materiais da viagem seriam ganhos ocupacionais ou salariais, mas as mudanças laterais, perdas retrospectivas e padrões de salário ilegíveis apagam esses marcos de progresso. Assim, fica difícil a pessoa orientar-se socialmente, mais do que no sistema de classes do passado.

Não é que tenham desaparecido a desigualdade e a distinção sociais — tudo, menos isso. Ao contrário, é como se, pondo-se em movimento, a pessoa de repente suspenda a sua realidade; não é tanto um cálculo, uma escolha racional, mas apenas a esperança de que, com a libertação, alguma coisa apareça. Grande parte da literatura sobre o risco discute estratégias e planos de jogo, custos e benefícios, numa espécie de sonho acadêmico. O risco na vida real é tocado num nível mais elementar pelo temor de deixar de agir. Numa sociedade dinâmica, as pessoas passivas murcham.

Pareceria, assim, que o assumir riscos poderia ser menos desestimulante se fosse de fato possível realizar o sonho do estrategista acadêmico, calcular racionalmente ganhos e perdas, tornar o risco legível. Mas o capitalismo moderno organizou certos tipos de risco de um modo que não torna mais inspiradora essa clareza. As novas condições de mercado obrigam grandes números de pessoas a assumir riscos, mesmo sabendo os jogadores que as possibilidades de retorno são tênues.

Para ilustrar isso, eu gostaria de analisar uma observação casual que Rose me fez uma tarde sobre o que acontecera cada vez que um dos homens de terno preto foi despedido na agência de publicidade.

— A gente tinha pessoas fazendo fila nos corredores, centenas de currículos, garotos implorando por uma chance de ser entrevistado.

O problema é demasiado conhecido; há uma enorme oferta de jovens trabalhadores qualificados em muitas outras carreiras, como arquitetura, o mundo acadêmico e o direito.

Há, claro, motivos concretos para obter um diploma. Dados americanos (representativos de todas as economias avançadas) mostram que os aumentos de renda na última década foram cerca de 34 por cento mais para trabalhadores com diploma universitário do que para aqueles com diploma do segundo grau — quer dizer, os de formação universitária, que começaram ganhando mais, aumentaram a disparidade entre eles e seus colegas menos educados em 34 por cento, numa única década. A maioria das sociedades ocidentais abriu as portas das instituições de educação superior; estima-se que em 2010, das pessoas com vinte e cinco anos, 41 por cento nos Estados Unidos terão um grau universitário de quatro anos, e 62 por cento pelo menos um de dois anos; prevê-se que as porcentagens para a Grã-Bretanha e Europa Ocidental serão 10 por cento mais baixas.[67] Contudo, só um quinto dos empregos na força de trabalho americana exigem diploma universitário, e a porcentagem desses empregos de alta qualificação sobe apenas lentamente. (Tabela 9.)

O excesso de qualificação é um sinal da polarização que caracteriza o novo regime. O economista Paul Krugman explica a crescente desigualdade em termos do valor da qualificação técnica: "Nós elevamos o salário das pessoas qualificadas que produzem aviões [e outros produtos de alta tecnologia]", escreve, "baixamos o dos não qualificados."[68] Um destacado banqueiro de investimentos e diplomata concorda; Felix Rohatyn acredita que está havendo uma enorme mudança na sociedade, "uma imensa transferência de riqueza dos trabalhadores americanos de qualificação inferior, classe média, para os donos dos bens de capital e uma nova tecnocracia tecnológica".[69] Essa elite tecnológica, previu o sociólogo Michael Young há cinquenta anos, em seu ensaio *Meritocracy*, é definida e atestada pela educação formal.[70]

Nessas condições, toma forma um tipo de risco extremo, em que grandes números de jovens apostam que serão eles os novos escolhidos. Essa aceitação do risco ocorre no que os economistas Robert Frank e Philip Cook chamam de "mercados em que o vencedor leva tudo". Nessa paisagem competitiva, os bem-sucedidos levam a mesa toda, enquanto a massa dos perdedores fica com migalhas para dividir entre si. A flexibilidade é um elemento-chave para permitir a formação desse mercado. Sem um sistema burocrático que canalize os ganhos de riqueza através de uma hierarquia, as recompensas gravitam para os mais poderosos; numa instituição sem peias, os que estão em posição de açambarcar tudo o fazem. A flexibilidade, assim, acentua a desigualdade, pelo mercado em que o vencedor leva tudo.[71]

Na opinião desses economistas, a "estrutura de suborno [da economia moderna] levou demasiados [indivíduos] a abandonar alternativas em busca dos prêmios máximos".[72] Claro, é um bom conselho paterno: seja realista. Mas esse conselho é matizado por uma crença que podemos remontar a Adam

Smith, de que tais riscos são tomados num espírito de autoavaliação irrealista. Em *A riqueza das nações*, Smith escreveu sobre o "conceito demasiado alienante que a maioria dos homens faz de suas capacidades... a chance de ganho é mais ou menos supervalorizada por todos os homens, e a de perda subvalorizada pela maioria".[73] Frank e Cook comunicam a esse respeito um recente estudo com um milhão de secundaristas americanos, no qual 70 por cento julgavam ter capacidade de liderança acima da média, e 2 por cento que estavam abaixo da média.

Mas "conceito demasiado alienante" me parece uma má interpretação da relação entre risco e caráter. Não jogar é aceitarmo-nos antecipadamente como um fracasso. A maioria das pessoas que entra no mercado em que o vencedor leva tudo sabe da probabilidade de fracasso, mas suspende esse conhecimento. Como acontece com o risco que ocorre em condições menos determinadas, a excitação imediata da sorte grande ajuda a apagar o conhecimento racional sobre a probabilidade de sucesso. Mas, mesmo que alguém que entra num mercado em que o vencedor leva tudo permaneça lúcido até o fim, não fazer nada parece mais passividade que prudência.

Pode-se remontar essa atitude, como ideia, às primeiras celebrações do homem de negócios na política econômica de Smith e Mill. O imperativo de assumir riscos está mais largamente distribuído. O risco é um teste de caráter; o importante é fazer o esforço, arriscar a sorte, mesmo sabendo-se *racionalmente* que se está condenado a fracassar. Essa atitude é reforçada por um fenômeno psicológico comum.

Diante de alguma coisa conflituosa, a atenção da pessoa fica pregada mais em suas circunstâncias imediatas que numa visão de perspectiva. A psicologia social chama a atenção gerada dessa forma de "dissonância cognitiva" — esquemas de referência conflitantes. (Trabalhos sobre dissonância cognitiva foram feitos por Gregory Bateson, Lionel Festinger e por mim mesmo.)⁷⁴ A necessidade que Rose tinha de alguma prova de que estava fazendo um bom trabalho, quando a empresa de Park Avenue não oferecia essa prova, é uma forma clássica de dissonância cognitiva. A luta com tais conflitos desperta a "atenção focal" — que significa simplesmente que assinalamos o problema como precisando de atenção focal imediata.

Quando falta a crença em que se pode fazer alguma coisa para resolver o problema, o pensamento a longo prazo é suspenso como inútil. Contudo, a atenção focal pode permanecer ativa. Nesse estado, as pessoas girarão repetidas vezes em torno das circunstâncias imediatas em que foram colhidas, cientes de que é preciso fazer alguma coisa, mesmo que nada façam. A suspensão da atenção focal é uma reação traumática encontrada em todos os animais superiores; os olhos do coelho fixam-se nas patas da raposa.

Para o ser humano, o resultado de um ato de risco pode levar ao mesmo tipo de suspensão da atenção focal. "Nunca chegar a parte alguma", "sempre na casa um", diante de um sucesso aparentemente sem sentido, ou da impossibilidade de recompensa pelo esforço: em todos esses estados emocionais, o tempo parece parar; a pessoa nessa labuta torna-se prisioneira do presente, fixada nos dilemas do presente. Esse trauma paralisante manteve Rose em seu poder por vários meses, até que ela se recuperou do seu risco na parte alta da cidade e voltou ao Trout.

A declaração de Rose, "perdi a coragem", indica uma maneira mais brutal e menos complexa de como as pessoas se sentem quando em risco. Resulta simplesmente de entrar na meia-idade. As atuais condições da vida empresarial encerram muitos preconceitos contra a meia-idade, dispostos a negar o valor da experiência passada da pessoa. A cultura empresarial trata a meia-idade como avessa ao risco, no sentido do jogador. Mas esses preconceitos são difíceis de combater. No mundo de alta pressão, mutante, da moderna empresa, as pessoas de meia-idade podem facilmente vir a temer estar-se erodindo por dentro.

Para Rose, o choque inicial que recebeu ao mudar-se para a colmeia escritório de Park Avenue, na parte elegante da cidade, foi tomar consciência de repente de como estava velha — não apenas biologicamente, mas também socialmente.

— Eu olhava em volta aquelas garotas de carreira, e eram garotas; são bonitas, têm aquela determinação de Locust Valley.

E também um sotaque da classe alta nova-iorquina. Rose jamais pôde desfazer sua fala anasalada, de baixa classe média, mas tentou alterar a aparência para parecer mais jovem.

— Paguei a uma mulher da Bloomingdale's para me comprar roupas melhores; comprei lentes de contato gelatinosas, horríveis.

Por algum motivo, as lentes irritavam seus olhos; no escritório, parecia uma mulher constantemente à beira das lágrimas. Os preconceitos contra sua idade se manifestaram para ela de formas não necessariamente destinadas a magoar.

— Quando comprei as lentes de contato, as garotas do escritório soltaram exclamações: "Oh, como você está bonita." Eu não sabia se acreditava nelas ou não.

Talvez mais importante ainda, sua experiência acumulada sobre como as pessoas bebem e se comportam nos bares pouco contava. Numa reunião, chegou um momento em que "eles diziam '*lite*' isso, '*lite*' aquilo, e eu disse: 'Ninguém vai a um bar para perder peso.'"

Como os outros receberam isso?

— Como se eu fosse uma peça de um museu: a Velha Criada do Bar.

A mordaz capacidade de comunicação de Rose, deve-se

dizer, não era a que ensinam nas escolas de comércio. Mas ela jamais deixou de sentir o ferrão da idade, sobretudo quando vinha em forma de simpatia das companheiras de trabalho que sentiam que ela estava por fora; como os chefões da empresa, elas agiam com base em seus preconceitos, não a convidando para as boates e barzinhos da madrugada onde se faz a maior parte do trabalho da publicidade. Rose ficou genuinamente perplexa por ter sido contratada por seu conhecimento prático e depois desconsiderada como uma pessoa velha, passada, já descendo a ladeira.

Uma base estatística para as atitudes em relação à idade no moderno local de trabalho aparece no esquema de trabalho cada vez menor em que as pessoas são empregadas. O número de homens de cinquenta e cinco a sessenta e quatro anos empregados nos Estados Unidos caiu de quase 80 por cento em 1970 para 65 por cento em 1990. As cifras para o Reino Unido são praticamente as mesmas; na França, o número de homens empregados em fins da meia-idade caiu de quase 75 por cento para pouco mais de 40 por cento, na Alemanha de quase 80 por cento para pouco mais de 50 por cento.[75] Há uma abreviação mais leve no início da vida de trabalho, a idade em que os jovens entram na força de trabalho foi retardada alguns anos, devido à maior ênfase na educação. Nos Estados Unidos e na Europa Ocidental, o sociólogo Manuel Castells, assim, prevê que "a vida de trabalho de fato pode ser encurtada para cerca de 30 anos (de 25 a 54), de um período de vida real de cerca de 70-80 anos".[76] Quer dizer, o período de vida produtiva está sendo comprimido para menos de metade da vida biológica, com os trabalhadores mais velhos deixando o cenário muito antes de estarem física ou mentalmente incapazes. Muitas pessoas da idade de Rose (tinha cinquenta e três anos quando se mudou para a parte elegante da cidade) estão se preparando para aposentar-se.

A ênfase na juventude é uma consequência da compressão da vida de trabalho. No século dezenove, a preferência pela juventude era uma questão de mão de obra barata; as "moças de fábrica" de Lowell, Massachusetts, e os "meninos da mina" do norte da Inglaterra trabalhavam por salários bem abaixo daqueles dos adultos. No capitalismo de hoje ainda existe essa preferência pelos jovens por motivos de salário, mais notadamente nas fábricas e oficinas insalubres de partes menos desenvolvidas do mundo. Mas outros atributos da juventude hoje parecem torná-la atraente em altos escalões da mão de obra, e estes estão mais na área do preconceito.

Um número recente da *California Management Review*, por exemplo, tentou explicar os aspectos positivos da juventude e os negativos da idade nas organizações flexíveis. Fez isso afirmando que os trabalhadores mais velhos têm esquemas mentais inflexíveis e são avessos ao risco, além de não terem a simples energia física necessária para enfrentar as exigências da vida no local de trabalho flexível.[77] A imagem da "madeira morta" expressa essas convicções. Um executivo publicitário disse à socióloga Katherine Newman:

— Se você está na publicidade, está morto depois dos trinta. A idade mata.

Um executivo de Wall Street disse a ela:

— Os patrões acham que [se você tem mais de quarenta anos] não pode mais pensar. Depois dos cinquenta [eles acham] você está liquidado.[78]

Flexibilidade equivale a juventude; rigidez, a idade.

Esses preconceitos servem a vários fins. Por exemplo, visam os trabalhadores mais velhos como um grupo de candidatos fáceis à demissão durante a reengenharia da empresa. No regime anglo-americano, a taxa de demissão involuntária dobrou nos últimos vinte anos para os homens na casa dos quarenta e início dos cinquenta. A associação de idade com rigidez também explica grande parte da pressão que as empresas hoje exercem sobre os executivos para que se aposentem ao beirar os sessenta, mesmo que, mentalmente, estejam no apogeu.

Os trabalhadores mais velhos, experientes, tendem mais a julgar os superiores que os que apenas estão começando. Seu conhecimento acumulado os dota do que o economista Albert Hirschmann chama de poderes de "voz", o que significa que é mais provável os empregados mais velhos falarem contra o que encaram como más decisões. Farão isso com mais frequência por lealdade à instituição do que a um determinado administrador. Muitos trabalhadores são mais tolerantes ao aceitar más ordens. Se ficam insatisfeitos, é mais provável saírem do que lutarem dentro da organização, e por ela. Estão dispostos, como diz Hirschmann, a "sair".[79] Na agência de publicidade, Rose descobriu que os publicitários mais velhos de fato falavam com mais frequência contra os chefes, muitas vezes mais novos que eles em idade, do que os empregados novos. Um desses membros veteranos da empresa foi por sua vez provocado pelo chefe:

— Você pode não gostar daqui, mas está velho demais para arranjar emprego em qualquer outro lugar.

Para os trabalhadores mais velhos, os preconceitos contra a idade mandam um poderoso recado: à medida que se acumula, a experiência da pessoa vai perdendo valor. O que um trabalhador mais velho aprendeu no correr dos anos sobre uma determinada empresa ou profissão pode atrapalhar novas mudanças ditadas pelos superiores. Do ponto de vista da instituição, a flexibilidade dos jovens os torna mais maleáveis tanto em termos de assumir riscos quanto de submissão imediata. Contudo, esse poderoso recado tem um significado mais pessoal para os trabalhadores, além dos preconceitos de poder.

Foi Rico quem me fez ver isso, quando falou da erosão de

suas qualificações em engenharia. A certa altura, no avião, observei-lhe que sinto que tenho de começar do nada toda vez que escrevo; não adquiro maior confiança, por mais livros que publique. Jovem, sólido, estuante de energia, ele respondeu solidário que muitas vezes se sentia já "passado" como engenheiro. Preocupava-se com a possibilidade de suas aptidões estarem-se erodindo por dentro; embora fosse vinte anos mais jovem que eu, disse que como engenheiro era agora "apenas um observador".

Isso a princípio pareceu um absurdo. O que ele me disse, como explicação, foi que o conhecimento científico que adquirira na escola não era mais de ponta; compreendia o que estava acontecendo no florescente campo da tecnologia de informação, mas não podia mais manter-se um passo à frente. Jovens engenheiros de vinte e poucos anos tratavam-no, a ele, já beirando os quarenta, como de algum modo desbotado. Perguntei-lhe se pensava em voltar à universidade para um "retreinamento", e ele me lançou um olhar azedo.

— Não estamos falando em apertar um novo conjunto de botões. Estou velho demais para começar de novo.

Segundo Rico, aptidões complexas como as suas não são mais aditivas, permitindo à pessoa acumular cada vez mais sobre a mesma base; o desenvolvimento de novos campos exige uma nova visão desde o começo, uma visão adotada com mais eficácia por caras novas.

O engenheiro americano ou europeu que perde o emprego para um colega na Índia, que trabalha por salários mais baixos, teve tomada de si a prática das aptidões — que é uma versão do que os sociólogos chamam de "desqualificar". Ninguém tomou o conhecimento de engenharia de Rico. Seu medo se refere a uma fraqueza que ele sente ocorrendo dentro dele devido à simples passagem do tempo. Disse que, muitas vezes, fica furioso quando lê publicações técnicas:

— Eu encontro alguma coisa e digo a mim mesmo: "Eu devia ter pensado nisso." Mas não pensei.

Também aqui, ele dificilmente se encaixa no estereótipo de "madeira morta", mas em relação à sua competência técnica acredita com a mesma firmeza que está "ladeira abaixo". Dessa forma, se combinam a ênfase na juventude e a sua interpretação individual. O preconceito social reforça o medo interior de perder a potência.

Rico vê os dois lados se combinarem em seu escritório. Emprega três jovens engenheiros, dez anos mais jovens que ele, em sua empresa de consultoria.

— Meu principal problema é segurá-los. — Na verdade, sabe que aqueles cuja engenharia é mais atualizada vão abandoná-lo. — Os que podem sair, saem assim que podem.

Com pouca lealdade, os jovens cobras estão dispostos a sair mesmo que Rico se disponha a dar-lhes verdadeira voz na empresa. Ele acha que pouco pode fazer a respeito.

— Não tenho autoridade sobre eles, você sabe.

Sua experiência não lhes impõe respeito.

Em seu canto muito mais modesto, o tempo de Rose em Park Avenue lhe deu a sensação de que seu conhecimento se erodia por dentro. Para seu crédito imorredouro (em minha opinião), ela jamais preparara e muito menos ouvira falar em novos coquetéis exóticos como Highland Landmine (uma parte de *scotch* de um só malte e duas partes de vodca sobre gelo picado). Mas preocupava-a não saber, sobretudo quando disfarçava falsificando numa reunião uma longa dissertação sobre tais poções juvenis. Teria feito melhor, claro, dizendo a verdade, mas tinha medo de que fazê-lo fosse mais um sinal de que estava passada. Duvido que Rico esteja tão superado quanto pensa; sei que Rose não estava. Mas os dois, quando testados, receiam que a experiência passada não conte.

A nova ordem não leva em conta que a simples passagem

do tempo necessário para acumular aptidões dá a uma pessoa posição e direitos — valor no sentido material; encara as afirmações baseadas na passagem do tempo como representando mais uma face do mal do velho sistema burocrático, em que os direitos de antiguidade paralisavam as instituições. O regime concentra-se na capacidade imediata.

A prática empresarial flexível, como a política de mão de obra do atual governo na Grã-Bretanha e nos Estados Unidos, se baseia na suposição de que a rápida mudança de qualificação é a norma. Na verdade, historicamente, o afastamento de pessoas com "velhas" qualificações se deu lentamente. Foram necessárias duas gerações para deslocar a aptidão de uma arte como a tecelagem em fins do século dezoito, por exemplo, e as mudanças da fábrica de Highland Park de Ford exigiram quase trinta anos no início do século vinte. Talvez de forma surpreendente, em muitas profissões fabris e de escritório, hoje, o ritmo da mudança tecnológica ainda seja moderadamente lento; como observaram muitos sociólogos industriais, as instituições levam um longo tempo para digerir as tecnologias que ingerem.[80] A passagem do tempo também é necessária para desenvolver novas aptidões; alguém que simplesmente leu um livro de marcenaria não é um marceneiro.

O esquema de tempo do risco oferece pouco consolo pessoal, apesar dessas tendências históricas de longo prazo. Na verdade, a ansiedade pessoal com o tempo está profundamente entrelaçada com o novo capitalismo. Um redator do *The New York Times* declarou recentemente que "a apreensão com o emprego se impôs em toda parte, diluindo a autoestima, rachando famílias, fragmentando comunidades, alterando a química dos locais de trabalho".[81] Muitos economistas trataram isso como besteira; os fatos da criação de empregos na ordem neoliberal pareciam torná-lo transparentemente falso. Contudo, o autor escreveu com precisão quando usou a palavra "apreensão". Apreensão é uma ansiedade sobre o que pode acontecer; é criada num clima que enfatiza o risco constante, e aumenta quando as experiências passadas parecem não servir de guia para o presente.

Se a negação da experiência fosse simplesmente um preconceito imposto, nós de meia-idade seríamos simplesmente vítimas do culto institucional da juventude. Mas a apreensão com o tempo está gravada mais fundo em nós. A passagem dos anos parece esvaziar-nos. Nossa experiência parece uma citação vergonhosa. Essas convicções põem em risco nosso senso de valor pessoal, mais pela inexorável passagem do tempo do que pela decisão de jogar.

No Trout, Rose recuperou a coragem; estava de novo no controle, até morrer de câncer no pulmão.

— Acho que foi um erro — disse ela uma vez sobre o tempo que passou na parte bacana da cidade, enquanto conversávamos fumando e bebendo —, mas eu tinha de fazer isso.

SEIS

A Ética do Trabalho

"Toda arte", declarou Oscar Wilde no prefácio de *O retrato de Dorian Gray*, "é ao mesmo tempo superfície e símbolo. Os que vão abaixo da superfície o fazem por sua própria conta e risco."[82] As superficialidades da sociedade moderna são mais degradantes que as superfícies e máscaras da arte. Os vizinhos de Rico não foram muito abaixo da superfície com ele. Os padeiros operam máquinas simples, fáceis de usar. Rose foi trabalhar numa empresa de Park Avenue onde a ênfase na juventude e na boa aparência — as mais fugidias, ai!, das qualidades humanas — significava que sua experiência acumulada de vida tinha pouco valor.

Um dos motivos para essa superficialidade degradante é a desorganização do tempo. A seta do tempo se partiu; não tem trajetória numa economia política continuamente replanejada, que detesta a rotina, e de curto prazo. As pessoas sentem falta de relações humanas constantes e objetivos duráveis. Todas as pessoas que descrevi até agora tentaram descobrir a profundidade do tempo abaixo da superfície, quando nada registrando inquietação e angústia com o presente.

A ética do trabalho é a arena em que mais se contesta hoje a profundidade da experiência. A ética do trabalho, como a entendemos comumente, afirma o uso autodisciplinado de nosso tempo e o valor da satisfação adiada. Essa disciplina de tempo moldou a vida de Enrico, como a dos trabalhadores na indústria automobilística de Willow Run e dos padeiros gregos de Boston. Eles deram duro e esperaram; foi essa a sua experiência de profundidade. Essa ética de trabalho depende em parte de instituições suficientemente estáveis para a pessoa praticar o adiamento. A satisfação adiada perde seu valor, porém, num regime cujas instituições mudam rapidamente; torna-se absurdo trabalhar arduamente por muito tempo e para um patrão que só pensa em vender o negócio e subir.

Seria um mal-humorado sentimentalismo lamentar o declínio do trabalho árduo da autodisciplina — para não falar da boa educação, do respeito aos mais velhos e de todos os outros prazeres dos bons velhos tempos. A seriedade da velha ética de trabalho impunha pesados fardos ao eu trabalhador. As pessoas tentavam provar seu próprio valor pelo seu trabalho; em forma de "ascetismo leigo", como o chamou Max Weber, o adiamento da satisfação podia tornar-se uma prática profundamente autodestrutiva. Mas a alternativa moderna para a longa disciplina de tempo não é um verdadeiro remédio para essa autonegação.

A moderna ética do trabalho concentra-se no trabalho de equipe. Celebra a sensibilidade aos outros; exige "aptidões delicadas", como ser bom ouvinte e cooperativo; acima de tudo, o trabalho em equipe enfatiza a adaptabilidade às circunstâncias. O trabalho de equipe é a ética de trabalho que serve a uma economia política flexível. Apesar de todo o arquejar psicológico da administração moderna sobre o trabalho de equipe no escritório e na fábrica, é o etos de trabalho que permanece na superfície da experiência. O trabalho de equipe é a prática de grupo da superficialidade degradante.

A velha ética do trabalho revelou conceitos de caráter que ainda contam, mesmo que essas qualidades não mais encontrem expressão na mão de obra. A velha ética do trabalho baseava-se no uso autodisciplinado do nosso tempo, pondo-se a ênfase mais na prática voluntária, autoimposta, que na simples submissão passiva a horários ou rotinas. No mundo antigo, achava-se que essa disciplina autoimposta era a única maneira de enfrentar o caos da natureza. Era uma necessidade exigida todo dia dos agricultores. Eis o conselho que Hesíodo dá a eles em *Os trabalhos e os dias*:

> Não adie para amanhã ou depois de amanhã; os celeiros não são cheios por aqueles que adiam e desperdiçam tempo sem sentido. O trabalho prospera com o cuidado; quem adia, luta com a ruína.[83]

A natureza é incerta, indiferente; o mundo do agricultor é rude. "Os homens jamais repousam do labor e da dor durante o dia", declarou Hesíodo, "e da morte durante a noite."[84]

No mundo de Hesíodo, porém, a disciplina autoimposta no uso do tempo parecia mais necessidade bruta que virtude humana. A maioria dos agricultores de sua época se compunha mais de escravos que de pequenos fazendeiros livres; escravo ou livre, a luta do agricultor com a natureza parecia de menor importância que as batalhas dos homens da cidade uns com os outros. Tucídides observou mais tarde com certa indiferença que espartanos e atenienses arrasavam os campos de seus inimigos, como se os esforços dos agricultores não tivessem direito moral a ser poupados.

Com o correr do tempo, a estatura moral do agricultor se eleva. A necessidade de trabalhar duro torna-se uma virtude. Virgílio, quase quinhentos anos depois de Hesíodo, ainda evoca a anarquia da Natureza, como na primeira das *Geórgicas*:

> Muitas vezes vi os ventos furiosos
> Arrancarem uma gorda safra pelas raízes,
> E lançarem-na longe, justo quando o camponês
> Trazia seus ceifeiros para despir a cevada;
> A tempestade, numa nuvem negra a rodopiar,
> Varria juntos a lâmina e o grão sofredor.[85]

Virgílio, como Hesíodo, compreende que o máximo que o agricultor pode fazer diante desse redemoinho é tentar ordenar o uso de seu tempo. Mas, graças à sua própria determinação de resistir, tornou-se uma espécie de herói.

Aí está o sentido do famoso trecho, no segundo livro das *Geórgicas*, em que Virgílio descreve soldados empenhados "em dúbio combate"; o camponês fica à parte das lutas deles, e das do "Estado romano e impérios condenados a morrer".[86] O camponês sabe que não há vitórias decisivas sobre a natureza — a vitória é uma ilusão. Para Virgílio, a virtude moral da agricultura é que ensina resolução *permanente*, independente de resultado. E nas *Geórgicas* dá um novo sentido ao adágio de Hesíodo, "Quem adia, luta com a ruína". O "camponês" em todos nós luta com a capacidade de arruinar-se. As *Geórgicas* transpõem a anarquia da natureza para uma visão de anarquia interior, psíquica; contra essas tempestades interiores, a única defesa do indivíduo é organizar bem o seu tempo.

Quando a ideia de autodisciplina tomou forma, continha assim uma forte dose de estoicismo — não do tipo filosófico, mas uma espécie de estoicismo prático, que ditava a necessidade permanente de combater a anarquia interior, sem esperança de vitória. Passando para as primeiras crenças cristãs, esse estoicismo prático moldou as primeiras doutrinas da igreja sobre a preguiça — que aparecia mais como um estado de prazer sibarita que uma decomposição interior do eu. Durante quase mil anos, da descrição da preguiça por Santo Agostinho nas *Confissões* até o início do Renascimento, esse estoicismo prático manteve firme seu domínio épico. A programação do tempo, como no bater dos sinos das igrejas, podia ajudar homens e mulheres a organizar seu tempo, mas não instilar o desejo de autodisciplina — que só podia ser gerado por uma apreensão mais profunda do generalizado caos interno e externo.

Alguma coisa aconteceu, no início do Renascimento, a esse estoicismo prático, de raízes profundas. Ele não foi diretamente contestado como valor ético, mas ainda assim foi afetado por uma nova apreciação dos seres humanos como criaturas históricas, criaturas que não simplesmente aguentam, ano após ano, mas antes evoluem e mudam. O estoicismo permanente do camponês não bastaria para o homem histórico; os termos de disciplina teriam de adaptar-se a um eu em fluxo. Mas como?

Foi esse o dilema que enfrentou o filósofo renascentista florentino Pico della Mirandola, em sua *Oração sobre a dignidade do homem*. É a primeira voz moderna do *homo faber*, ou seja, do "homem como seu próprio criador". Pico afirmava que "o homem é um animal de natureza diversa, multiforme e destrutível".[87] Nessa condição maleável, "cabe [ao homem] ter o que preferir e ser o que quiser".[88] Em vez de manter o mundo como o herdamos, temos de moldá-lo de novo; nossa dignidade depende de fazer isso. Pico declara: "É ignóbil... não dar à luz nada de nós mesmos."[89] Nosso trabalho no mundo é criar, e a maior criação é moldar a história de nossas próprias vidas. A virtude de impor uma forma à nossa experiência continua sendo uma maneira fundamental de definir alguém que tem um caráter forte.

Mas o *homo faber* ia contra o dogma tradicional cristão. Santo Agostinho advertiu: "Tira as mãos de ti mesmo; tenta construir-te a ti e construirás uma ruína." O cristão que obedecesse a Santo Agostinho buscaria imitar, em vez disso, a vida e o exemplo de Jesus. Assim o bispo renascentista Tyndale aconselhou um paroquiano a "sentir-se a si mesmo... alterado e modelado como em Cristo". Qualquer criação puramente pessoal será necessariamente inferior.[90] É uma virtude disciplinar o uso de nosso tempo, mas um pecado projetar nossa própria experiência.

Pico não era surdo a essas convicções. Também ele acreditava que a conduta cristã exige autodisciplina e imitação de vidas exemplares. Mas contra isso sua imaginação do tempo histórico é formada por modelos literários da jornada espiritual; ele evoca o marinheiro Odisseu, cujas andanças criam sua própria história autossuficiente, embora o marinheiro jamais duvide de sua meta última. O cristão em Pico está certo do destino final, mas também quer fazer-se ao mar. É um dos primeiros filósofos renascentistas a celebrar os riscos psíquicos, sabendo que o mar interior, como os oceanos navegados pelos exploradores renascentistas, é território não mapeado.

Essas duas meadas éticas contrárias, a autodisciplina e a automodelação, vinham juntas no mais famoso ensaio sobre a ética do trabalho, *A ética protestante e o espírito do capitalismo*, de Max Weber. Ele procurou mostrar mais a combinação que a contradição delas, ao analisar a alvorada do capitalismo moderno. Claro, Weber acreditava que a velha ordem de Hesíodo ao camponês — "Não adie" — era em parte invertida no capitalismo, tornando-se: "Você deve adiar". O que devemos adiar é nosso desejo de satisfação e realização; temos de moldar a história de nossa vida de modo a que no fim tenhamos conseguido alguma coisa; então, e só então, nesse tempo futuro, estaremos realizados. Quanto ao presente, devemos ainda agir como o camponês de Virgílio, combatendo a preguiça e as forças do caos interior, com uma distribuição rígida e implacável do nosso tempo. Essa ética de trabalho — para ser direto — Weber julgava uma fraude. O adiamento é interminável, a autonegação no presente inexorável; as recompensas prometidas jamais chegam.

A visão do tempo de trabalho serve a Weber como uma maneira de criticar as crenças modernas sobre o caráter, especificamente a crença no homem como seu próprio criador. A versão do ensaio de Weber com mais frequência veiculada na escola diz mais ou menos o que vem a seguir. O protestante do século dezessete buscava apresentar prova de seu valor à vista de Deus disciplinando-se, mas, ao contrário do penitente católico num mosteiro, mostrava que era digno com o seu trabalho, negando-se o presente, acumulando pequenos sinais de virtude pelo sacrifício diário. Essa autonegação tornou-se então o "ascetismo leigo" da prática capitalista do século dezoito, com sua ênfase mais em poupar que em gastar, sua "rotinização" da atividade do dia a dia, seu medo do prazer. Este pequeno resumo ordenado consegue esvaziar o texto de Weber de sua grandeza trágica.

O cristianismo, na opinião dele, é uma fé à parte porque mergulha homens e mulheres numa dúvida profundamente dolorosa, ao exigir que se perguntem: "Sou um ser humano digno?" A Queda e suas consequências parecem responder decisivamente a esta pergunta: Não sou. Mas nenhuma religião poderia afirmar uma visão não atenuada da indignidade humana; seria uma receita para o suicídio. O catolicismo, antes do advento do protestantismo, buscara tranquilizar a maculada humanidade, embora aconselhando a rendição às instituições da Igreja, seus rituais e os poderes mágicos de seus sacerdotes. O protestantismo buscou um remédio mais individual para a dúvida do eu.

Curiosamente, Martinho Lutero deveria ter sido a figura exemplar de Weber, mas não foi. Nas "95 Teses", o pastor rebelde opunha aos confortos do ritual uma experiência mais despida da fé; afirmava que a fé não poderia vir pelo cheiro do incenso ou pelas preces a estátuas e pinturas. Os ataques aos ícones têm uma longa história na Igreja, como no islã e no judaísmo. Mas Lutero foi diferente ao afirmar que o homem ou mulher que renunciasse à idolatria tinha de enfrentar sem ajuda e só as questões da fé, e não como membro de uma comunidade. Sua teologia é a do indivíduo.

O indivíduo protestante tinha de moldar sua história de modo a somar um todo significativo, digno. O indivíduo torna-se então eticamente responsável por seu próprio tempo vivido particular; o viajante de Pico será julgado moralmente pela narrativa de como viveu — até os mínimos detalhes de quanto sono se permitiu, como ensinou os filhos a falar. Podemos controlar muito pouco do que acontece na história de nossa vida, mas Lutero insiste em que devemos assumir responsabilidade por toda ela.[91]

Na *Ética protestante*, Weber concentrou-se num aspecto da doutrina protestante que tornava impossível assumirmos responsabilidade por nossa vida. Lutero declarou que "ninguém está seguro da integridade de sua própria contrição".[92] O cristão permanece em total dúvida sobre se pode justificar a história de sua vida. Na teologia protestante, essa dúvida total é transmitida pela doutrina teológica aparentemente arcana da predestinação. Calvino declara nas *Instituições* que só Deus sabe se uma alma será salva ou amaldiçoada após a morte; não podemos ter pretensões sobre a divina Providência. Esmagados pelo peso do pecado, os seres humanos, assim, permanecem num estado de constante insegurança, sem saber se a vida irá levar a uma eternidade de tormentos pelo fogo. Esse é o infeliz destino da humanidade protestante: devemos conquistar nossa posição moral, mas jamais ter a confiante presunção de dizer "Eu sou bom", e nem mesmo "Fiz o que é bom"; tudo que se pode dizer é "Tive boa intenção". O Deus de Calvino responde: "Continue tentando. Seja o que for, não basta."

Também aqui isso corria o risco de ser uma receita para o suicídio. Mas oferecia ao protestante, em vez do bálsamo do ritual, um remédio mais amargo: trabalho árduo implacável, voltado para o futuro. A organização da história de nossa vida pelo trabalho árduo pode servir como uma pequena luz na escuridão, um "sinal de eleição", de que podemos estar entre os que serão salvos do inferno. Ao contrário das boas obras católicas, porém, o trabalho árduo não pode conquistar para o protestante nenhum grande favor junto ao Criador; apenas oferece sinais de intenções dignas a um Juiz divino que já decidiu cada caso de antemão.

Esse é o terror que se esconde por trás do conceito abstrato de "ascetismo leigo". Na opinião de Weber, a maior disposição de poupar do que de gastar passou do protestante para o capitalista como um ato de autodisciplina e autonegação. Essa mesma passagem deu origem a um novo tipo de caráter. É o homem motivado, decidido a provar seu valor moral pelo trabalho.

Weber evocou um ícone americano como um dos primeiros exemplos do homem motivado. Benjamin Franklin, o espirituoso e mundano diplomata, inventor e estadista, aparece nas páginas de Weber como temendo o prazer e obcecado pelo trabalho, por trás de seu exterior afável, contando cada momento de tempo como se fosse dinheiro, negando-se constantemente uma cerveja ou um cachimbo para poupar, pois cada centavo guardado servia em sua mente como um pequeno sinal de virtude. Por mais diligentemente que um homem ou mulher pratique a ética do trabalho, porém, persiste a dúvida sobre si mesmo. Franklin carrega o medo persistente de não ser bastante bom como é, mas nenhuma conquista jamais parece suficiente; não há consumações nesse esquema de coisas.

O homem motivado não se encaixa nas velhas imagens católicas dos vícios da riqueza, como a gula ou a luxúria; é intensamente competitivo, mas não pode gozar do que ganha. A história de sua vida torna-se uma interminável busca de reconhecimento dos outros e de autoestima. Contudo, mesmo que os outros o elogiassem por seu ascetismo leigo, ele temeria aceitar esse elogio, pois isso significaria aceitar-se a si mesmo. Tudo no presente é tratado como instrumento para um destino final; nada no momento importa por si mesmo. Foi isso que se tornou na sociedade secular da teologia do indivíduo.

Como história econômica, *A ética protestante e o espírito do capitalismo* está eivado de erros. Como análise econômica, omite estranhamente qualquer consideração do consumo como força motivadora no capitalismo. Como crítica de um certo tipo de caráter, porém, o propósito e a execução são coerentes. A ética do trabalho do homem motivado não parece a Max Weber motivo de felicidade humana, nem na verdade de força psicológica. O homem motivado é demasiado oprimido pela importância que tem de atribuir ao trabalho. Disciplina, diz-nos Michel Foucault, é um ato de autopunição, e sem dúvida é o que parece mesmo nessa exposição da ética do trabalho.[93]

Entrei um tanto detalhadamente nessa história porque o uso disciplinado do nosso tempo não é a virtude simples, direta, que a princípio parece. Luta implacável, inexorável, no mundo antigo, enigma para os crentes renascentistas no *homo faber*, motivo de autopunição na teologia do indivíduo: certamente o enfraquecimento da ética do trabalho seria um ganho para a civilização. Certamente precisamos exorcizar as fúrias que acossam o homem motivado.

Depende, porém, de como se alivia o peso sobre o eu trabalhador. As formas modernas de trabalho em equipe são em muitos aspectos o oposto da ética do trabalho como a concebia Max Weber. Ética de grupo em oposição à ética do indivíduo, o trabalho em equipe enfatiza mais a responsividade mútua que a confirmação pessoal. O tempo das equipes é mais flexível e voltado para tarefas específicas de curto prazo do que para a soma de décadas caracterizadas pela contenção e a espera. O trabalho em equipe, porém, nos leva ao domínio da superficialidade degradante que assedia o moderno local de trabalho. Na verdade, o trabalho em equipe deixa o reino da tragédia para encenar as relações humanas como uma farsa.

Vejam o caso da vodca. Durante o ano que Rose passou em Park Avenue, sua firma de publicidade enfrentou um problema evidentemente perene. Como essa bebida não tem gosto, a tarefa de *marketing* é convencer o comprador de que uma marca é apesar disso superior a qualquer outra. Rose, sinto dizer, aproveitou-se financeiramente desse enigma no Trout; enchia garrafas vazias de vodca Stolichnaya importada da Rússia com uma vodca de marca barata feita no Canadá.

— Ninguém ainda notou a diferença — confessou-me com certo orgulho.

Durante seu ano na parte alta, uma das empresas de bebidas propôs jogar uma montanha de dinheiro nesse dilema, e fez uma espécie de concorrência entre agências de publicidade para obter uma solução. Novas formas de garrafas, nomes russos impossíveis de pronunciar, sabores novos e estranhos, até a forma da caixa em que a vodca era vendida — tudo foi submetido a discussão. Nessa pequena comédia, Rose teve sua própria solução, que desconfio que apresentou com certa ironia. Observou que algumas vodcas tinham sabor de mel; podiam ser empurradas como saudáveis.

O que tornou essa comédia séria para ela foi que logo acabou sendo deixada fora do círculo — quer dizer, da rede de comunicações de sugestões mútuas e boatos sobre o que outras empresas estavam fazendo, que animavam a turma da vodca e seus jogadores de equipe. A tecnologia das comunicações modernas em alguns aspectos acelerou o processo de colaboração, mas na indústria da mídia, pelo menos em Nova

York, o cara a cara ainda é o grande meio de transmissão. Rose não fazia parte desse "zum-zum" cara a cara das festas, boates e restaurantes, fora do escritório; sua idade e aparência, como vimos, atuavam contra ela.

Porém mais que isso, Rose não parava de impor informações sobre como as pessoas de fato bebem nos bares, que estavam fora do campo dos que participavam do circuito. Por exemplo, disse que a vodca é a bebida preferida dos alcoólatras secretos, pois acreditam que ninguém sente pelo cheiro que andaram bebendo. Os colegas reagiram como se isso fosse um conhecimento privado dela, perturbando as discussões deles. A informação especializada muitas vezes tende a interferir no sistema de informação. No trabalho de grupo de tipo não material, onde as pessoas trabalham juntas numa imagem, o ato de comunicação é mais importante que os fatos comunicados; para comunicar, o campo de jogo da conversa precisa ser aberto e acessível. Uma vez que isso ocorre, a formação e partilha do rumor se torna a substância da colaboração. O zum-zum sobre os concorrentes proporciona energia às comunicações; fatos concretos enfraquecem as energias do diálogo. Na verdade, a troca de informação tende a exaurir-se a si mesma; e na agência de publicidade o zum-zum sobre a resposta de nome russo durou até ele ser plenamente transmitido na rede, e depois começou o zum-zum sobre a embalagem hexagonal.

O fato mais duro nesse esforço de grupo foi que a agência não conseguiu o contrato. Rose esperou que se seguisse um período de recriminações mútuas e atribuição de culpa à equipe, uma vez que as consequências financeiras para a agência foram sérias. Além disso, disse-me, esperava que as pessoas sentissem "dor" pela perda, com o que pretendia dizer que os agressivos publicitários iam realmente ligar para a derrota. Mas como grupo eles tiveram uma reação diferente, mais autoprotetora. Não houve recriminação mútua. Tampouco alguém tentou justificar-se. Não havia tempo. Em poucos dias, o grupo de bebidas fortes já tinha passado para outro projeto, e passado como equipe.

Um especialista em comportamento de grupo bem poderia esperar isso. Os grupos tendem a manter-se juntos ficando na superfície das coisas; a superficialidade partilhada mantém as pessoas juntas evitando questões difíceis, divisivas, pessoais. O trabalho de equipe poderia parecer mais um exemplo, portanto, dos laços do conformismo de grupo. Mas o etos de comunicação e partilha de informação dá ao conformismo um traço particular: a ênfase na flexibilidade e abertura à mudança torna os membros da equipe susceptíveis aos mais leves fiapos de rumor ou sugestão dos outros na rede festa-escritório-almoço-boate. Como já observei, os publicitários de Nova York não são conformistas empresariais do tipo teso e certinho. Na velha cultura de trabalho, o conformista empresarial era uma personagem demasiado previsível e confiável — a gente sabia cada reação. Nessa cultura flexível da imagem e sua informação, previsibilidade e confiabilidade são traços de caráter menos destacados; aqui não há base firme, como não pode haver resposta final ao problema colocado pela vodca.

O ditado de Rose — "Não deixe que nada se grude em você" — aplicava-se nesse caso, de forma particular, ao chefe da equipe. O líder da equipe de bebidas fortes atuara durante toda a campanha da vodca mais como um igual junto aos outros que como chefe; em "administrês", seu papel era "facilitar" uma solução entre o grupo e "mediar" entre cliente e equipe. É um administrador do processo. Seu trabalho, facilitação e mediação, pode ser, com suficiente *savoir-faire*, separado do resultado. A palavra "líder" assim se aplica a ele no sentido tradicional de autoridade. Tampouco são a facilitação e mediação atos de vontade implacáveis, decididos, como os que formavam o caráter dos pequenos agricultores livres em combate com a natureza.

O que descrevi talvez dificilmente pareça digno do termo "ética do trabalho". E na verdade foi um choque para Rose passar para esse ambiente empresarial. Quando trabalhava no Trout, ela praticava uma coisa semelhante à ultrapassada ética do trabalho. As tarefas imediatas de obter fornecimento e produzir hambúrgueres e drinques podem não lhe ter dado satisfação profunda, mas ela também trabalhava para o futuro — acumular dinheiro suficiente para mandar as filhas à faculdade e construir um negócio suficientemente valioso para um dia poder aposentar-se com a soma pela qual conseguisse vendê-lo. A autonegação lhe vinha naturalmente — até o momento, talvez equívoco, em que decidiu que não podia mais esperar, podia fazer alguma coisa de sua vida, podia partir na viagem de Pico.

O ascetismo leigo de Weber, como vimos, realizava a teologia do indivíduo de Lutero num mundo secular. O indivíduo colhido nos labores do ascetismo leigo luta para adquirir poder sobre si mesmo. Mais, o homem motivado busca *justificar*-se. Na agência de publicidade, Rose encontrou uma ética de trabalho diferente, adequada a uma empresa inteiramente voltada para o presente, suas imagens e superfícies. Nesse mundo, a ética do trabalho assumia uma forma diferente, aparentemente em termos mais colaborativos que individuais, e podemos dizer mais clemente.

Contudo, não é tão benigna assim. As pessoas ainda fazem jogos de poder nas equipes, mas a ênfase em aptidões leves de comunicação, facilitação e mediação muda radicalmente um aspecto do poder: desaparece a autoridade, aquela que proclama autoconfiante: "Assim é que está certo!" ou "Me obedeça, porque eu sei o que estou dizendo!" A pessoa com poder não justifica a ordem; o poderoso apenas "facilita", capacita os outros. Esse poder sem autoridade desorienta os empregados; eles ainda podem sentir-se levados a justificar-se, mas agora não há ninguém mais acima que responda. O

Deus de Calvino fugiu. Esse desaparecimento das figuras de autoridade da equipe de trabalho se dá de um modo muito específico e tangível.

O trabalho em equipe adquiriu uma espécie de sanção oficial, na moderna prática administrativa americana, num estudo encomendado pela secretária do Trabalho Elizabeth Dole. A Comissão de Obtenção de Qualificações Necessárias da Secretaria (SCANS em inglês) produziu seu relatório em 1991. Devia ser um relatório sobre as qualificações que as pessoas precisam numa economia flexível. Como seria de esperar, tem em alta conta as aptidões básicas verbais e matemáticas, além da de saber lidar com tecnologia. O surpreendente é que Elizabeth e seus colegas, que não são conhecidos por seu sentimentalismo lacrimogêneo, deram muita ênfase ao saber ouvir, ensinar aos outros, e à arte da facilitação nas equipes.[94]

A imagem que a SCANS faz da equipe é de um grupo de pessoas reunidas mais para executar uma tarefa específica imediata que para permanecer juntas, como numa aldeia. Os autores argumentam que o trabalhador tem de trazer a tarefas de curto prazo a capacidade instantânea de trabalhar bem com um cambiante elenco de caracteres. Isso significa que as aptidões que as pessoas levam para o trabalho são *portáteis*: saber ouvir e ajudar aos outros, ao passar de equipe em equipe, à medida que muda o pessoal das equipes — como se passa de janela em janela numa tela de computador. Também se exige distanciamento do bom jogador de equipe; ele deve ter a capacidade de distanciar-se de relacionamentos estabelecidos e julgar como podem ser mudados; deve imaginar a tarefa imediata, em vez de mergulhar nas longas histórias de intrigas, traições passadas e ciumeiras.

As realidades da equipe no local de trabalho flexível são caracterizadas pela enganadora metáfora esportiva que impregna esse relatório: nas formas de trabalho flexível, os jogadores fazem as regras à medida que prosseguem. O estudo da SCANS enfatiza a arte de ouvir, por exemplo, porque os autores pensam em discutir tudo mais por regras improvisadas e livres que por regras escritas num manual de procedimentos. E o esporte no escritório difere dos outros porque os jogadores no trabalho não mantêm a tabela do mesmo jeito. Só o jogo atual conta. O estudo da SCANS enfatiza que o desempenho passado não serve de guia para recompensas presentes; em cada "jogo" de escritório a gente recomeça do começo. É uma maneira de dar a entender que a antiguidade conta cada vez menos no moderno local de trabalho.

Os autores do estudo da SCANS e outros semelhantes são realistas: sabem que a economia hoje enfatiza o desempenho imediato e o curto prazo, os resultados do saldo final. Contudo, os administradores também sabem que uma competição individual acirrada pode destroçar o desempenho de um grupo. Assim, na equipe de trabalho moderna surge uma ficção: os patrões não competem de fato entre si. E mais importante ainda, surge a ficção de que trabalhadores e chefes não são antagonistas; o chefe, em vez disso, administra o processo de grupo. Ele ou ela é "líder", a palavra mais esperta no moderno léxico administrativo; o líder está do nosso lado, em vez de ser nosso governante. O jogo de poder é jogado pela equipe contra equipes de outras empresas.

Foi assim que o antropólogo Charles Darrah encontrou trabalhadores induzidos a essa ficção no treinamento de "recursos humanos" de duas empresas *high-tech*. Sua pesquisa é abundante em deliciosas ironias que a realidade traz à teoria; por exemplo, os trabalhadores vietnamitas, que compunham cerca de 40 por cento da força de trabalho de uma empresa, "temiam em especial o conceito de equipe, que equiparavam às equipes de trabalho comunistas".[95] O treinamento em virtudes sociáveis como a partilha de informação revelou-se tudo, menos fácil e benigno. Os trabalhadores de *status* superior temiam ensinar aos novos ou de *status* inferior suas próprias aptidões; poderiam ser substituídos depois.

Os empregados aprenderam as aptidões portáteis do trabalho de equipe pelo ensinamento de como interpretar vários papéis da empresa, de modo que cada um deles soubesse como se comportar nas variadas janelas de trabalho. Num dos *sites* de Darrah, "os trabalhadores eram informados de que cada equipe devia agir como uma empresa distinta, com os membros pensando em si mesmos como seus 'vice-presidentes'".[96] A maioria dos trabalhadores achou isso meio esquisito, pois sabia-se que a empresa tratava os operadores vietnamitas da fábrica com muito pouco respeito, mas julgou-se que os novos empregados que aderiram haviam tido "sucesso" no treinamento de recursos humanos. O tempo concedido a essas sessões era breve — alguns dias, às vezes apenas algumas horas. Essa brevidade refletia a realidade que os trabalhadores iam enfrentar no trabalho flexível, exigindo rápido estudo de novas relações e novas pessoas. A plateia é composta, claro, dos novos administradores que o novo recruta tenta impressionar; a arte de fingir na equipe de trabalho é agir como se ele estivesse se dirigindo apenas aos outros empregados, como se o chefe não estivesse de fato olhando.

Quando a socióloga Laurie Graham foi trabalhar na linha de montagem de uma fábrica da Subaru-Isuzu, descobriu que "a metáfora da equipe era usada em todos os níveis da empresa", sendo a equipe mais alta a Comissão de Operação. A analogia esportiva estava em plena força; os "líderes de equipe", segundo um documento da empresa, são "associados altamente qualificados, como capitães de times de basquetebol". O conceito de equipe justificava o trabalho flexível como uma forma de desenvolver as aptidões pessoais; a empresa declarava que "todos os membros associados serão treinados em várias funções, e nelas trabalharão. Isso aumenta seu valor para a equipe e para [a Subaru-Isuzu]", além de seus próprios sentimentos de autoestima.[97] Laurie Graham viu-se mergulhada numa "cultura de cooperação por meio de símbolos igualitários".[98]

O sociólogo Gideon Kunda chama esse trabalho de equipe de uma espécie de "teatro profundo", porque obriga os indivíduos a manipular suas aparências e comportamentos com os outros.[99] "Mas que interessante." "O que acabei de ouvir você dizer..." "Como poderíamos fazer isso melhor?" São as máscaras de cooperação do ator. Os jogadores bem-sucedidos nos grupos de treinamento de Darrah raramente se comportavam em particular do mesmo modo que quando os chefes estavam olhando. Na verdade, o sociólogo Robin Leidner estudou os vários roteiros escritos que são de fato entregues aos empregados em empresas de serviços; o que eles visam é mais estabelecer a "simpatia" do empregado que cuidar da substância dos interesses do cliente. Num mundo de trabalho estilo roleta, as máscaras de cooperatividade estão entre os únicos cabedais que os trabalhadores levam consigo de uma tarefa para outra, de uma empresa para outra — janelas de aptidão social cujo "hipertexto" é um sorriso cativante. Se esse treinamento de recursos humanos é apenas uma encenação, trata-se, porém, de uma questão de simples sobrevivência. Observando as pessoas que não desenvolvem logo as máscaras da cooperatividade, um supervisor disse a Darrah que "a maioria vai acabar bombeando gasolina".[100] E dentro da equipe, as ficções que negam a luta individual pelo poder ou o conflito mútuo servem para fortalecer a posição dos que estão em cima.

Laurie Graham encontrou pessoas particularmente oprimidas pela própria superficialidade das ficções do trabalho em equipe. A pressão dos outros colegas sobre sua própria equipe de trabalho tomava o lugar dos chefes de chicote na mão para fazer os carros avançarem o mais rápido possível na linha de montagem; a ficção de empregados cooperativos servia à implacável campanha da empresa por uma produtividade cada vez maior. Após um período inicial de entusiasmo, um colega lhe disse:

— Eu achava que este lugar ia ser diferente, com o conceito de equipe e tudo mais, mas a administração está apenas tentando matar os operários de tanto trabalhar.

Os vários grupos de trabalho eram coletivamente responsáveis pelos esforços individuais de seus membros, e as equipes se criticavam umas às outras. Um trabalhador que Laurie entrevistou disse que um líder de equipe "se aproximou de mim e me deu uma breve aula sobre como... trabalhamos melhor como equipe: 'detectando o erro de outro e comunicando logo, antes que chegue ao fim da linha'". Os trabalhadores responsabilizavam uns aos outros; eram obrigados a fazer isso nas reuniões em que passavam pelo que parecia uma terapia de grupo — uma terapia voltada para o saldo final.[101] Mas a recompensa para o indivíduo é a reintegração no grupo.

A ficção de que trabalhadores e administração estão na mesma equipe se mostrou igualmente útil na Subaru-Isuzu no trato com o mundo externo. A fábrica usa essa ficção de comunidade no trabalho para ajudar a justificar sua feroz resistência aos sindicatos operários; além disso, a ficção da comunidade ajuda a justificar a existência de uma empresa japonesa que extrai lucros nos Estados Unidos e manda para casa. A Subaru-Isuzu representa um caso extremo, naquilo que as empresas japonesas tendem a forçar a equipe de trabalho ao limite máximo. Mas amplia uma ordem mais geral do trabalho em equipe em instituições flexíveis. "O que essas medidas têm em comum", acreditam as economistas Eileen Appelbaum e Rosemary Batt, "é que não mudam a natureza fundamental do sistema de produção nem ameaçam a organização básica da estrutura de poder das empresas."[102]

Mais importante neste aspecto é o fato de que os administradores se apegam à panaceia de fazerem o trabalho imediato todos juntos, todos na mesma equipe, para resistir à contestação interna. Quando Michael Hammer e James Champy insistem, em *Reengineering the Corporation*, em que os administradores "parem de agir como supervisores e ajam mais como treinadores", o fazem mais pelo patrão que pelo empregado.[103] O chefe evita ser responsável por suas ações; tudo recai nos ombros do jogador.

Pondo a coisa em termos mais formais, o poder está presente nas cenas superficiais de trabalho de equipe, mas a autoridade está ausente. Figura de autoridade é alguém que assume responsabilidade pelo poder que usa. Numa hierarquia de trabalho do velho estilo, o chefe pode fazer isso abertamente declarando: "Eu tenho o poder, sei o que é melhor, me obedeçam." As modernas técnicas de administração buscam fugir do aspecto "autoritário" de tais declarações, mas fazendo isso os administradores conseguem escapar também de ser responsáveis por seus atos.

— As pessoas precisam reconhecer que somos trabalhadores contingentes, de uma forma ou de outra — disse um administrador da ATT, durante uma recente onda de redução. — Somos vítimas da época e lugar.[104]

Se a "mudança" é o agente responsável, se todo mundo é "vítima", a autoridade desaparece, pois ninguém quer ser responsabilizado — certamente não esse administrador que despede pessoas. Em vez disso, a pressão dos colegas faz o trabalho do administrador.

O repúdio da autoridade e da responsabilidade nas próprias superficialidades do trabalho em equipe flexível estrutura a vida de trabalho diária, e também os momentos de crise, como uma greve ou uma redução. Um excelente trabalho de campo sobre esse repúdio diário de autoridade pelos que têm poder foi feito pelo sociólogo Harley Shaiken, e vale a pena citar o que um trabalhador braçal, de uma "equipe mista" de empregados de oficina e de escritório, lhe disse sobre como se dá a fuga à responsabilidade:

> Realmente, o que acontece é que a gente não está operando a máquina sozinho — são três ou quatro pessoas — o engenheiro, o programador, o cara que fez a engenhoca, o operador. (...) Uma coisa que acontece é que é difícil a gente se comunicar com as outras pessoas envolvidas no processo. Eles não querem saber. Têm aqueles cursos todos, aqueles diplomas todos. Realmente não querem ouvir da gente nada sobre qualquer coisa que deu errado. Tudo tem de ser culpa da gente. Claro que não vão admitir que *eles* cometeram um erro... Quando eu descubro um meio de melhorar uma operação, posso fazer isso sem ninguém ver, não conto a ninguém. Pra começar, ninguém jamais me pergunta.[105]

O sociólogo sueco Malin Åkerström conclui de tais experiências que a neutralidade é uma forma de traição. A ausência de verdadeiros seres humanos dizendo "Eu lhe digo o que fazer", ou, no caso extremo, "Vou fazer você pagar por isso", é mais que um ato defensivo dentro da empresa; essa ausência de autoridade deixa livres os que estão no controle para mudar, adaptar, reorganizar, sem ter de justificar-se ou a seus atos. Em outras palavras, permite a liberdade do momento, um foco apenas no presente. A mudança é o agente responsável; e não é uma pessoa.

Além disso, poder sem autoridade permite aos líderes de uma equipe dominar os empregados negando legitimidade às suas necessidades e desejos. Na fábrica da Subaru-Isuzu, onde os administradores usavam a metáfora dos esportes chamando-se de treinadores, Laurie Graham constatou que era difícil, senão fatal, um trabalhador falar diretamente de problemas a um chefe-treinador em outros termos que não de cooperação de equipe; a conversa direta envolvendo reivindicações de maior salário ou menos pressão para aumentar a produtividade era vista como falta de cooperatividade do empregado. O bom jogador de equipe não se queixa. As ficções de trabalho em equipe, pela própria superficialidade de seu conteúdo e seu foco no momento imediato, sua fuga à resistência e ao confronto, são assim úteis no exercício da dominação. Compromissos, lealdades e confiança partilhados mais profundos exigiram mais tempo — e por isso mesmo não seriam tão manipuláveis. O administrador que declara que somos todos vítimas da época e lugar é talvez a figura mais astuta a aparecer nas páginas deste livro. Ele dominou a arte de exercer o poder sem ser responsabilizado; transcendeu essa responsabilidade para si mesmo, repondo os males do trabalho nos ombros dos irmãos "vítimas" que por acaso trabalham para ele.

Esse jogo de poder sem autoridade na verdade gera um novo tipo de caráter. Em lugar do homem motivado, surge o homem irônico. Richard Rorty escreve, sobre a ironia, que é um estado de espírito em que as pessoas jamais são "exatamente capazes de se levar a sério, porque sempre sabem que os termos em que se descrevem estão sujeitos a mudança, sempre sabem da contingência e fragilidade de seus vocabulários finais, e portanto de seus eus".[106] Uma visão irônica de si mesmo é a consequência lógica de viver no tempo flexível, sem padrões de autoridade e responsabilidade. Contudo, Rorty compreende que nenhuma sociedade pode manter-se pela ironia; sobre a educação, ele declara: "Não posso imaginar uma cultura que socializou sua juventude de maneira a deixá-la continuamente em dúvida sobre seu próprio processo de socialização."[107] Tampouco a ironia estimula as pessoas a contestar o poder; ele diz que esse senso de eu não fará "você mais capaz de vencer as forças reunidas contra você".[108] O caráter irônico do tipo descrito por Rorty torna-se autodestrutivo no mundo moderno; passamos da crença em que nada é fixo para "Eu não sou inteiramente real, minhas necessidades não têm substância". Não há ninguém, nenhuma autoridade, para reconhecer nosso valor.

O etos do trabalho de equipe, com suas suspensões e ironias internas, leva-nos para muito longe do universo moral do camponês determinado e heroico de Virgílio. E as relações de poder contidas na equipe de trabalho, o poder exercido sem reivindicações de autoridade, está muito distante da ética de responsabilidade própria que caracterizava a velha ética do trabalho, com seu ascetismo leigo, de uma seriedade mortal. A clássica ética do trabalho de adiar a satisfação e provar-se pelo trabalho árduo dificilmente pode exigir nossa afeição. Mas tampouco o pode o trabalho em equipe, com suas ficções e fingimentos de comunidade.

Nem a velha nem a nova éticas do trabalho oferecem uma resposta satisfatória à pergunta de Pico della Mirandola: "Como devo moldar minha vida?" A pergunta na verdade leva ao clímax todas as questões que discutimos sobre tempo e caráter no novo capitalismo.

A cultura da nova ordem perturba profundamente a auto-organização. Pode separar a experiência flexível da ética pessoal estática, como aconteceu com Rico. Pode separar o trabalho fácil, superficial, da compreensão e do empenho, como aconteceu com os padeiros de Boston. Pode tornar o constante correr riscos um exercício de depressão, como aconteceu com Rose. A mudança irreversível e múltipla, a atividade fragmentada podem ser confortáveis para os senhores do novo regime, como a corte de Davos, mas podem desorientar os servos do regime. E o novo etos cooperativo do trabalho em equipe instala como senhores os "facilitadores" e "administradores de processo", que fogem ao verdadeiro compromisso com seus servos.

Ao traçar este quadro, tenho plena consciência de que ele corre o risco, apesar de todas as reservas, de parecer uma comparação entre o antes, que era melhor, e o agora, que é pior. Nenhum de nós poderia desejar o retorno da segurança de Enrico ou da geração dos padeiros gregos. Em perspectiva, era claustrofóbica; seus termos de auto-organização, rígidos. Numa visão de longo prazo, embora a conquista de segurança pessoal servisse a uma profunda necessidade prática e psicológica no capitalismo moderno, essa conquista custava um alto preço. Uma debilitante política de antiguidade e direitos por tempo de serviço governava os trabalhadores sindicalizados de Willow Run; continuar esse estado mental hoje seria uma receita de autodestruição nos atuais mercados e redes flexíveis. O problema que enfrentamos é como organizar as histórias de nossas vidas agora, num capitalismo que nos deixa à deriva.

O dilema de como organizar uma narrativa de vida é em parte esclarecido sondando-se como, no capitalismo de hoje, as pessoas enfrentam o futuro.

SETE

Fracasso

O fracasso é o grande tabu moderno. A literatura popular está cheia de receitas de como vencer, mas em grande parte calada sobre como enfrentar o fracasso. Aceitar o fracasso, dar-lhe uma forma e lugar na história de nossa vida, pode ser uma obsessão interior nossa, mas raras vezes a discutimos com os outros. Em vez disso, buscamos a segurança dos clichês; é o que fazem os defensores dos pobres quando buscam desviar o lamento "Fracassei" com a resposta supostamente curativa "Não, não fracassou; você é uma vítima". Como acontece com qualquer coisa da qual tememos falar abertamente, a obsessão interior e a vergonha só por isso se tornam maiores. Sem tratamento fica a bruta frase interior: "Eu não sou bom o bastante".

O fracasso não é mais a perspectiva normal apenas dos muito pobres ou desprivilegiados; tornou-se mais conhecido como um fato regular nas vidas da classe média. A dimensão decrescente da elite torna mais fugidia a realização. O mercado em que o vencedor leva tudo é uma estrutura competitiva que predispõe ao fracasso grandes números de pessoas educadas. As reduções e reengenharias impõem às pessoas da classe média tragédias súbitas que nos primeiros tempos do capitalismo ficavam muito mais limitadas às classes trabalhadoras. O senso de faltar à própria família comportando-se de maneira flexível e adaptável no trabalho, como o que persegue Rico, é mais sutil, mas igualmente forte.

A própria oposição de sucesso e fracasso é uma maneira de evitar aceitar o fracasso. Essa simples divisão sugere que, se temos suficientes indícios de conquistas materiais, não seremos perseguidos por sentimentos de insuficiência ou incompetência — o que não acontecia com o homem motivado de Weber, que sentia que, fosse o que fosse, não era o bastante. Um dos motivos pelos quais é difícil aliviar com dólares os sentimentos de fracasso é que ele pode ser de um tipo mais profundo — não tornar coerente o nosso futuro, não realizar alguma coisa valiosa em nós mesmos, não viver, mais do que simplesmente existir. O fracasso pode ocorrer quando a viagem de Pico é ao léu e interminável.

Na véspera da Primeira Guerra Mundial, o comentarista Walter Lippmann, insatisfeito com o cálculo de sucesso em dólares que preocupava seus contemporâneos, estudou a perturbada vida deles num vigoroso livro intitulado *Drift and Mastery* [Deriva e controle]. Buscou transformar o cálculo material de fracasso e sucesso em experiências de tempo mais pessoais, opondo a experiência à deriva, errática, ao controle dos fatos.

Lippmann viveu numa era em que se consolidavam as gigantescas empresas industriais dos Estados Unidos e da Europa. Todos conhecem os males desse capitalismo, ele disse: a morte das pequenas firmas, o colapso do governo exercido em nome do bem público, as massas enfiadas nas fauces capitalistas. Observou que o problema de seus colegas reformadores era que "sabiam contra o que estavam, mas não a favor do que estavam".[109] As pessoas sofriam, se queixavam, mas nem o nascente programa marxista nem a empresa individual renovada ofereciam um remédio promissor. Os marxistas propunham uma explosão social em massa, os empresários individuais maior liberdade para competir; nenhuma das duas era uma receita para uma *ordem* alternativa. Lippmann, no entanto, não tinha dúvida alguma sobre o que fazer.

Vendo a resoluta e esforçada determinação dos imigrantes que então inchavam os Estados Unidos, proclamou numa frase memorável: "Todos nós somos imigrantes espiritualmente."[110] As qualidades pessoais de determinação evocadas por Hesíodo e Virgílio, Lippmann as via de novo encarnadas no implacável trabalho duro dos imigrantes no Baixo East Side de Nova York. O que ele detestava era a antipatia do esteta sensível pelo capitalismo, personificada, julgava, em Henry James, que encarava os imigrantes de Nova York como uma raça enérgica estranha, descabelada e anárquica em suas lutas.[111]

O que devia orientar aquelas pessoas, separadas de sua terra, que agora tentavam criar uma nova narrativa de vida? Para Lippmann, era o exercício de uma carreira. Não fazer do próprio trabalho uma carreira, por mais modesto que fosse o conteúdo ou salário, era deixar-se cair presa do senso de falta de objetivo que constitui a mais profunda experiência de incompetência — devia-se, na gíria moderna, "arranjar um galho". Assim ele recuperava o mais velho significado da palavra carreira, que citei na abertura deste ensaio, carreira como uma estrada benfeita. Abrir essa estrada era o antídoto do fracasso pessoal.

Podemos nós praticar esse remédio para o fracasso no capitalismo flexível? Embora possamos pensar hoje em carreira como sinônimo de profissão liberal, um de seus elementos — a posse da qualificação — não se limita ao reino profissional liberal ou mesmo burocrático. O historiador Edward Thompson observa que no século dezenove mesmo os trabalhadores menos favorecidos, com maus empregos, desempregados ou simplesmente sobrevivendo de emprego em emprego, tentavam definir-se como tecelões, metalúrgicos ou camponeses.[112] O *status* no trabalho resulta de ser mais que apenas "duas mãos"; os trabalhadores braçais, assim como os criados, nas casas vitorianas, buscavam-no usando as palavras "carreira", "profissão" e "arte" de uma maneira mais indiscriminada do que julgaríamos admissível. O desejo de tal *status* era igualmente forte entre empregados da classe média das novas empresas; como mostrou o historiador Olivier Zunz, as pessoas do mundo dos negócios, na época de Lippmann, buscaram pela primeira vez elevar seu trabalho tratando a contabilidade, as vendas ou gerências como semelhantes às atividades profissionais do médico ou engenheiro.[113]

O desejo de *status* ou de uma carreira não é portanto nada novo. Tampouco o é o senso de que as carreiras, mais que os empregos, desenvolvem nosso caráter. Mas Lippmann elevou as apostas do "arranjar um galho". Em sua opinião, a narrativa de vida de uma carreira é uma história de desenvolvimento interior, que se desenrola por habilidade e luta. "Temos de lidar com [a vida] deliberadamente, imaginar sua organização social, alterar seus instrumentos, formular seu método..."[114] A pessoa que segue uma carreira define objetivos de longo prazo, padrões de comportamento profissional ou não profissional, e o senso de responsabilidade por sua conduta. Duvido que Lippmann tenha lido Max Weber quando escreveu *Drift and Mastery*; mas os dois escritores partilhavam um conceito semelhante de carreira. No uso de Weber, *Beruf*, o equivalente alemão de "carreira", também acentua a importância do trabalho como narrativa e o desenvolvimento de caráter só possível pelo esforço organizado, a longo prazo. "Controle significa", declara Lippmann, "a substituição da luta inconsciente pela intenção consciente."[115]

A geração de Lippmann acreditava que se achava no início de uma nova era da ciência, assim como do capitalismo. Todos estavam convencidos de que o uso adequado da ciência, das aptidões técnicas e, mais geralmente, do conhecimento profissional podia ajudar homens e mulheres a formar fortes histórias de carreira, e com isso assumir um controle mais firme sobre suas vidas. Nessa dependência da ciência para o controle pessoal, Lippmann assemelhava-se a outros contemporâneos progressistas nos Estados Unidos, e a socialistas fabianos como Sidney e Beatrice Webb na Grã-Bretanha, ou ao jovem Leon Blum na França, além de a Max Weber.

A receita de Lippmann para o controle também tinha uma meta política objetiva. Ele via os imigrantes nova-iorquinos esforçando-se para aprender inglês e educar-se, a fim de começar suas carreiras, mas barrados das instituições de ensino superior da cidade, na época fechadas aos judeus e negros e hostis aos gregos, italianos e irlandeses. Pedindo uma sociedade mais voltada para as carreiras, ele exigia que essas instituições abrissem suas portas, uma versão americana do lema francês "carreiras abertas ao talento".

Os textos de Lippmann constituem um enorme ato de fé no indivíduo, no fazer alguma coisa de *si mesmo* — o sonho de Pico, concretizado nas ruas do Baixo East Side entre povos que Lippmann via como seres humanos particulares e distintos. Em seus textos, ele tentou assim opor o Golias do capitalismo empresarial ao Davi da vontade e talento pessoais.

O prazer de ler Lippmann é sua própria justificação; a voz dele é a de um mestre-escola eduardiano reto, de vida limpa, que também parece ter passado muitas horas em filas de piquetes ou em companhia de homens cujas palavras mal entendia. Contudo, será sua crença na carreira uma receita viável para nós hoje, quase um século depois? Em particular, será um remédio para o fracasso — aquele fracasso que consiste na falta de objetivo, em não unificar nossa vida?

Conhecemos formas de burocracia diferentes das que Lippmann e Weber conheceram; o capitalismo hoje age com base em diferentes princípios de produção. O tempo de curto prazo, flexível, do novo capitalismo parece excluir que façamos uma narrativa constante de nossos labores, e portanto uma carreira. Mas não arrancar dessas condições algum senso de continuidade e propósito seria literalmente faltarmos a nós mesmos.

Muitas vezes pensei em Lippmann ao frequentar um grupo de programadores de meia-idade que vim a conhecer, homens recentemente despedidos na redução de um escritório da IBM americana. Antes de perderem o emprego, eles — um tanto complacentemente — endossavam a crença no desenvolvimento a longo prazo de suas carreiras profissionais. Como programadores *high-tech*, destinavam-se a ser senhores da nova ciência. Depois de demitidos, tiveram de tentar diferentes interpretações dos fatos que destruíram suas vidas; não podiam evocar nenhuma narrativa óbvia, instantânea, que explicasse seu fracasso. E no entanto, por meios que Lippmann talvez não previsse, resgataram-se a si mesmos da sensação de deriva, e na verdade descobriram no próprio fracasso uma certa revelação da carreira de sua vida.

Deixem-me primeiro estabelecer o contexto da empresa deles, pois é característica. Até meados da década de 1980, a IBM praticava o capitalismo paternalista com força total.[116] O homem responsável pelo crescimento da empresa, Thomas Watson Sr., a dirigia como um feudo pessoal, e referia-se a si mesmo como o pai moral da firma. O velho hino da empresa dizia: "Com o Sr. Watson conduzindo / A maiores alturas subiremos / E manteremos nossa IBM / Respeitada aos olhos de todos."[117] A empresa era dirigida como um exército, e as decisões pessoais de Watson sobre todos os seus aspectos tornavam-se leis instantâneas da IBM. "A lealdade", ele dizia, "poupa o desgaste de tomar decisões diárias sobre o melhor a fazer."[118] Institucionalmente, a IBM assemelhava-se à empresa estatal da França ou Itália, com emprego vitalício para a maioria dos empregados e uma espécie de contrato social entre administração e mão de obra.

Em 1956, Thomas Watson Jr. assumiu o lugar do pai. Delegava mais e ouvia melhor, mas o contrato social continuou em vigor. A IBM proporcionava a seus trabalhadores excelentes seguro social, educação e benefícios de aposentadoria; apoiava a vida social dos funcionários da empresa com campos de golfe, creches e hipotecas; acima de tudo, proporcionava uma escada vitalícia de emprego, todos os estágios de uma carreira estabelecidos para pessoas que se esperava ficassem e subissem. A IBM podia fazer isso porque exercia um quase monopólio em seus mercados.

Devido a graves erros de cálculo sobre o crescimento da indústria de computadores na década de 1980 — a IBM praticamente jogou fora seu controle do computador pessoal — em princípios da de 1990 a empresa estava lutando em meio ao tumulto. Watson Jr. se aposentara; novos presidentes afundaram. Em 1992, a empresa sofreu uma enorme perda (6,6 bilhões de dólares), quando oito anos antes amealhara o maior lucro empresarial americano já registrado. Uma complexa burocracia interna revelou-se paralisante quando a empresa foi driblada pela Microsoft de Bill Gates. A IBM também enfrentava forte competição de arrogantes japoneses e americanos. Em 1993, começou, com mais um novo presidente, Louis Gerstner, a transformar-se numa máquina empresarial competitiva, e deu uma reviravolta igualmente sensacional. Procurou substituir as rígidas estruturas de trabalho hierárquicas por formas mais flexíveis de organização, e com uma produção flexível orientada para pôr mais produtos no mercado, com maior rapidez.

A estabilidade de seus 400 mil trabalhadores foi um alvo básico nessa campanha. A princípio alguns foram seduzidos, depois muitos outros obrigados a ir embora. Nos primeiros seis meses de 1993, um terço dos empregados nas três fábricas da IBM situadas no Vale do Hudson, em Nova York, foi demitido, e a empresa reduziu outras operações sempre que possível. A nova administração fechou os campos de golfe e retirou-se do apoio a comunidades onde a IBM atuava.

Eu quis saber mais sobre como foi essa grande virada para uma IBM mais enxuta, mais flexível, em parte porque muitos dos administradores e engenheiros de meia-idade colhidos na mudança são meus vizinhos no norte do estado de Nova York. Tornados supérfluos numa idade demasiado prematura, cavaram empregos como "consultores", o que significa explorar suas agendas de endereços na esperança muitas vezes vã de que alguns contatos fora da empresa ainda se lembrem que eles existem. Alguns voltaram a trabalhar para a empresa, mas como empregados de curto prazo com contratos, sem benefícios nem posição na instituição. Como quer que tenham conseguido sobreviver nos últimos quatro anos, não podem viver sem acompanhar os fatos concretos da mudança empresarial e seus efeitos em suas vidas.

O River Winds Café, não distante dos velhos escritórios de meus vizinhos, é uma movimentada espelunca que vende hambúrguer, antes frequentado durante o dia apenas por mulheres em saídas para compras ou carrancudos adolescentes matando tempo após a escola. Foi ali que ouvi esses homens de camisa branca e gravata escura, sentados atentos com xícaras de café, como numa reunião de negócios, contarem suas histórias. Um grupo de cinco ou sete homens permanece junto; eram programadores de centrais de computadores e analistas de sistema na antiga IBM. Os mais comunicativos eram Jason, um analista de sistema que passara quase vinte anos na empresa, e Paul, um jovem programador que Jason demitira na primeira onda de redução.

Comecei a passar, de vez em quando, fins de tarde com eles em 1994, um ano depois que todos, com exceção de Jason, haviam sido demitidos, e depois que encontrei Rico no voo para Viena. No River Winds Café, a tentativa dos engenheiros de compreender o que acontecera se enquadrou mais ou menos em três estágios. Quando entrei nas discussões, eles se sentiam vítimas passivas da empresa. Mas quando as discussões chegaram a uma conclusão, os empregados demitidos haviam mudado o foco para seu próprio comportamento.

Quando a dor da demissão ainda estava crua, a discussão girava em torno das "traições" da IBM, como se a empresa os houvesse trapaceado. Os programadores desencavavam fatos ou comportamentos da empresa que pareciam anunciar as mudanças depois ocorridas. Tais lembranças incluíam fragmentos de prova como o fato de se negar a um determinado engenheiro o uso do campo de golfe durante oito rodadas completas, ou viagens inexplicadas de um chefe de programadores para destinos não designados. Nesse estágio, eles queriam indícios de premeditação dos superiores, que justificariam então sua própria indignação. Ser trapaceado ou traído significa que uma tragédia dificilmente é culpa nossa.

Na verdade, o senso de traição empresarial impressionou a maioria dos observadores externos que foram à IBM na época. Era uma história dramática: profissionais altamente qualificados, de uma empresa paternalista, agora tratados sem mais consideração que escriturários inferiores ou faxineiros. A empresa parecia ter-se despedaçado ao fazer isso. O jornalista inglês Anthony Sampson, que visitou o escritório sede da IBM em meados da década de 1990, encontrou mais uma desorganização generalizada dentro da empresa que uma força de trabalho revigorada. Um funcionário admitiu:

— Há muito mais tensão, violência doméstica e necessidade de assistência psiquiátrica... diretamente ligadas às demissões. Mesmo dentro da IBM, o ambiente mudou radicalmente: há muito nervosismo, sem a segurança.[119]

As pessoas que haviam sobrevivido agiam como se vivessem um tempo emprestado, achando que não haviam sobrevivido por um bom motivo. Quanto aos demitidos, um pastor local e ex-funcionário da IBM comentou com Sampson:

— Eles estão ressentidos e se sentem traídos... nos fizeram achar que fomos nós a causa do fracasso deles, quando os caras lá de cima faturavam milhões.

Paul Carroll, outro estudioso dessa debacle, informa que, numa pesquisa sobre o moral dos empregados, uma pessoa respondeu à nova insistência da empresa em que respeitava mais o esforço individual que a lealdade empresarial:

— Que respeito?... A IBM é uma empresa muito incoerente, fazendo declarações bombásticas sobre respeito, sinceridade e sensibilidade, e praticando ao mesmo tempo uma administração opressiva e discriminatória num nível mais baixo.

— A lealdade à empresa morreu — declarou sem rodeios um consultor administrativo.[120]

E na ATT, um monstro empresarial irmão que passou pelo mesmo processo, havia, nas palavras de um executivo, "um clima de medo. Também havia medo nos velhos tempos, mas, quando cortam 40 mil empregos, quem vai criticar um supervisor?"[121]

Mas no River Winds Café essas primeiras reações não pegaram. Os programadores descobriram que, como explicação, a traição *premeditada* não resistia em termos lógicos. Entre outras coisas, porque muitos dos superiores que os tinham demitido nas primeiras fases da restruturação da empresa haviam sido eles mesmos demitidos em fases posteriores; como Jason, podiam ser igualmente encontrados agora no River Winds. Também aqui, como a empresa estivera de fato se saindo mal durante grande parte da década de 1980 e início da de 90, os fatos impalatáveis estavam mais que amplamente registrados em seu balancete; as disfunções da velha cultura empresarial ficavam bem à vista, e não ocultas.

Acima de tudo, como adultos racionais, os programadores acabaram entendendo que a teoria da traição, planejada ou não, transformava os chefes em caricaturas do mal. Quando Paul falou pela quarta ou quinta vez das misteriosas viagens do programador chefe, os outros à mesa finalmente caíram em cima dele.

— Ora, vamos — disse Jason —, você sabe que ele era um cara decente. Na certa ia visitar a namorada. Ninguém sabia o que vinha pela frente.

Os outros acabaram concordando com essa hipótese. E o efeito desse consenso foi tornar os males intragáveis da empresa mais reais no fato que na fantasia.

Assim, num segundo estágio de interpretação, concentraram-se na busca de forças externas para culpar. No River Winds Café, a "economia global" aparecia agora como a origem de seus infortúnios, sobretudo pelo uso de trabalhadores estrangeiros. A IBM começara a "dar para fora" parte do trabalho de programação, pagando a pessoas na Índia uma fração dos salários pagos aos americanos. Os baixos salários desses profissionais estrangeiros eram citados como motivo de a empresa ter tornado os americanos supérfluos. Mais surpreendente ainda, a rede de comunicações da empresa atuava para os indianos como uma espécie de Ellis Island, um porto de imigração, uma vez que um código escrito em Amenadabab chegava à mesa de um supervisor com a mesma rapidez de um escrito na casa. (Sobre isso, Jason me contou um fato um tanto paradoxal, que soubera por sobreviventes de sua onda de demissão: as pessoas nessa empresa tão *high-tech* raras vezes punham *on-line* suas opiniões ou críticas; não queriam deixar traços pelos quais pudessem ser responsabilizados.)

O medo de que os estrangeiros solapem os esforços dos trabalhadores americanos nativos tem raízes profundas. No século dezenove, eram os imigrantes paupérrimos e não qualificados que pareciam tomar os empregos, com a disposição de trabalhar por menor salário. Hoje, a economia global serve à função de despertar esse medo antigo, só que agora os americanos ameaçados parecem ser não apenas os não qualificados, mas também as classes médias e os profissionais liberais, colhidos no fluxo do mercado de mão de obra global. Muitos médicos americanos têm citado, por exemplo, a inundação de "médicos baratos" vindos de países do Terceiro Mundo como um dos motivos pelos quais sua segurança pode ser ameaçada por seguradoras e empresas de saúde. Economistas como Lester Thurow buscaram generalizar essa ameaça, afirmando que a transferência do trabalho para locais de baixos salários no mundo todo arrasta os salários para baixo em economias avançadas como os Estados Unidos. Racionalmente, pode-se discutir esse medo do mercado global de trabalho; Paul Krugman observa, por exemplo, que apenas 2 por cento da renda nacional nos Estados Unidos vêm da importação de economias de baixos salários em outra parte do mundo. Mas a crença no perigo pessoal causado pela ameaça externa está enraizada e ignora os fatos.

Por exemplo, nessa fase "protecionista" da discussão, que durou vários meses, os homens no boteco tentavam explicar seus apuros equiparando a influência estrangeira com os americanos "marginais" que haviam tomado conta da empresa: observaram repetidas vezes o fato de o novo presidente da IBM, Louis Gerstner, ser judeu. Infelizmente, essa fase ocorreu durante as eleições de 1994; vários dos homens votaram em candidatos da extrema direita que julgariam absurdos em tempos mais seguros.

Também neste caso, porém, essa interpretação partilhada

não pegou. O ponto decisivo na rejeição da perfídia dos de fora se deu quando os empregados começaram a discutir suas próprias carreiras, sobretudo seus valores profissionais. Como engenheiros cientistas, os programadores acreditavam nas virtudes de fatos tecnológicos como as comunicações globais digitais. Também reconheceram a qualidade do trabalho que vinha da Índia.

Esses reconhecimentos significavam mais do que prestar abstrata obediência a padrões profissionais. O fato de estarem discutindo juntos contava. Durante o estágio em que os programadores inventavam a perfídia dos arrasa-salários indianos e as maquinações do presidente judeu da IBM, pouco tiveram a partilhar uns com os outros sobre o conteúdo de seu trabalho. Muitas vezes, silêncios abatiam-se sobre a mesa; a traição dentro da empresa e a vitimização mantinham a conversa nos limites da queixa. A concentração em inimigos externos na verdade não dava aos programadores posição alguma. A história referia-se apenas às ações dos outros, desconhecidos e invisíveis em outras partes; os engenheiros tornavam-se pacientes passivos de forças globais.

Jim, o mais velho dos empregados da IBM, e portanto o que tinha mais problema para restabelecer-se, me disse:

— Sabe, durante a guerra da Coreia eu pensava: "Eu sou um peão, ninguém, no meio desta lama." Mas me tornei mais peão na IBM.

Quando começou o terceiro estágio de interpretação, Paul, que antes desconfiara da perfídia de um superior viajante, completou Jim, a quem muito admirava. Lembrou-lhe que não tinham apenas dado horas de trabalho à IBM. Claro, antes acreditavam na empresa, mas, ainda mais importante, disse Paul, "nós adorávamos nosso trabalho". Ao que Jim respondeu:

— É uma grande verdade. Eu ainda adoro fazê-lo... quando posso.

E assim, aos poucos, os homens começaram a falar de maneira diferente.

O terceiro estágio de explicação devolveu um pouco do senso de integridade deles como programadores, mas a um alto custo. Agora o foco era mais na história do trabalho *high-tech* em seu imenso crescimento recente, nas aptidões necessárias para lidar com desafios industriais e científicos. Aconteceu alguma coisa com a voz dos homens que falavam no boteco, quando abandonaram a obsessão com a maneira como tinham sido prejudicados por outros. Ao se concentrarem na profissão, os programadores começaram a falar do que poderiam e deveriam ter feito pessoalmente antes em suas carreiras para prevenir o apuro atual. Nesse terceiro estágio, aparecera finalmente o discurso da carreira, carreira como Walter Lippmann a teria imaginado. Questões de vontade e opção pessoais, padrões profissionais, narrativas de trabalho, tudo surgiu — só que o tema desse discurso sobre carreira era mais o fracasso que o controle.

Essas discussões na verdade tinham como premissa o fato de que a IBM permanecera empenhada nas centrais de computadores numa época em que o crescimento da indústria se dava no setor do computador pessoal; a maioria dos programadores era de homens das centrais. Os homens da IBM começaram a censurar-se por terem ficado demasiado dependentes da empresa, por terem acreditado nas promessas da cultura empresarial, por terem desempenhado um roteiro de sua própria criação. "Censura" significa culpa. Não ouvi isso na voz deles, pelo menos não aquele tipo de culpa floreado, de autopiedade. A conversa era sobre centrais de computadores, estações de trabalho, as possibilidades da linguagem Java, os problemas da largura de faixa — e o eu. Nesse terceiro estágio, os desempregados falaram dos sucessos de pessoas que dez ou doze anos antes haviam entrado no setor do computador pessoal, através de pequenas empresas arriscadas, ou previsto as possibilidades da Internet. Era o que os programadores do River Winds Café achavam que deviam ter feito. Deviam ter-se tornado empresários como os garotos do Vale do Silício, pátria dos pequenos adventícios da tecnologia.

— Tivemos o exemplo — declarou um dia Kim, especialista em redes. — Sabíamos tudo que acontecia na Costa [Oeste], e não fizemos nada. — Todos assentiram, com exceção de Jim, que falou do problema de levantar capital. — Bobagem — respondeu Kim. — Esse negócio não é sobre hoje, é sobre o que poderia acontecer. Para isso se arranja dinheiro.

A história dos erros internos da IBM, a reorganização da empresa motivada pelo desejo de flexibilidade, o advento do mercado global de trabalho evidenciado pelos programadores indianos — tudo foi reordenado como sinais de que era hora de dar o fora. Eles deviam ter corrido o risco.

No último ano, a história do que acontecera à IBM e a eles ficou por aí. E notei que essa última interpretação coincidiu com uma mudança do comportamento de meus vizinhos na comunidade. Antes vereadores e membros de conselhos escolares, abandonaram a busca desses cargos. Não têm medo de erguer a cabeça na comunidade, já que tanta gente em nossa cidade foi demitida pela IBM ou sofreu financeiramente, como donos de lojas ou homens de negócio, com o abalo. Simplesmente perderam o interesse por questões cívicas.

O único compromisso comunitário que eles mantêm, na verdade buscam com vigor cada vez maior, é a participação na administração de suas igrejas locais. Isso é importante para eles por causa do contato pessoal que têm com outros membros da igreja. Nessa parte da região rural como em outras, formas fundamentalistas e evangélicas de cristianismo se acham em acentuada ascensão. O mais novo, Paul, me disse:

— Quando renasci em Cristo, me tornei mais tolerante e esforçado.

Se meus vizinhos assumiram responsabilidade pelas histórias de suas vidas, esse ato ético levou sua conduta numa determinada direção; eles se voltaram para dentro.

Um bem-sucedido empresário do Vale do Silício que leia esta história bem pode comentar: "Isso mostra de fato que eles deviam ter corrido mais riscos. Uma vez que esses homens compreenderam a natureza de uma carreira moderna, tinham razão em se julgar responsáveis. Deixaram de agir." Claro, esse duro julgamento presume que os programadores eram dotados do poder de prever. Mesmo assim, as discussões no River Winds Café podiam ser tomadas simplesmente como uma história de advertência sobre a maior vulnerabilidade embutida nas carreiras hoje.

Mas deixar a questão por aí seria excluir o verdadeiro trabalho em que esses homens se empenharam: enfrentar seu fracasso, entendê-lo em termos de seus próprios caracteres. Numa entrevista que Michel Foucault concedeu pouco antes de morrer, fez ao entrevistador uma pergunta: como nós "nos governamos"?

> Como "nos governamos" realizando atos em que somos nós mesmos o objeto de tais atos, os campos em que eles são aplicados, os instrumentos aos quais eles recorrem e o sujeito que age?[122]

Os programadores precisavam responder a esta pergunta encontrando formas de enfrentar a realidade do fracasso e de seus próprios limites. Esse esforço de interpretação também está no espírito do "controle" de Lippmann, de deixar de sofrer a mudança passiva e cegamente. Claro, a ação que empreendem é conversar uns com os outros. Mas é concreta ainda assim. Estão quebrando o tabu do fracasso, trazendo-o à luz. Por esse motivo, a maneira como conversam é importante para compreender.

Os homens experimentam três histórias. Todas as três versões giram em torno de um ponto crucial; na primeira, o ponto ocorre quando a administração existente começa a trair os profissionais, na segunda quando intrusos chegam à cena, e a terceira no momento em que os programadores deixam de sair na hora certa. Nenhuma assume a forma de uma história em que a tragédia pessoal é de lenta e longa gestação, da época de Thomas Watson Sr. em diante.

Compor uma narrativa em torno de momentos cruciais, súbitos, de mudança é, claro, uma convenção conhecida de romances e autobiografias. Em suas *Confissões*, por exemplo, Jean-Jacques Rousseau declara, sobre uma surra que levou de Mlle. Lambercier quando menino: "Quem poderia saber que esse castigo infantil, recebido aos oito anos das mãos de uma mulher de trinta, iria determinar meus gostos e desejos, minhas paixões, meu próprio eu pelo resto da vida?"[123] Esse marco de mudança ajuda Rousseau a definir uma forma para a história de sua vida, apesar do desenfreado fluxo dentro dele, como quando declara que "às vezes sou tão diferente de mim mesmo que poderia ser tomado por outra pessoa, de caráter inteiramente oposto".[124] A convenção do momento crucial é uma maneira de tornar legível e clara a mudança, em vez de uma combustão caótica, cega ou simplesmente espontânea. O último tipo de mudança aparece na autobiografia de Goethe: decidindo abandonar sua vida passada, diz sobre si mesmo: "Aonde ele vai, quem sabe? Mal se lembra de onde veio!"[125]

Como para Rousseau, a convenção dos momentos definidores, esclarecedores, ajuda os programadores a entender a forma de suas carreiras. Suas discussões não foram, claro, três capítulos nítidos, benfeitos; a conversa descontraída inevitavelmente vagueia e serpeia. Mas, nas duas primeiras versões, verdades chatas atrapalham os fatos definidores. A primeira versão é esvaziada pelo conhecimento factual da condição da IBM, a segunda pela crença deles no progresso tecnológico e seu senso de qualidade profissional. A terceira versão, porém, liberta a pessoa que fala para assumir o controle da narrativa. Agora a história pode fluir: tem um centro sólido, "eu", e uma trama benfeita — "O que eu devia ter feito era tomar minha vida em minhas próprias mãos." O momento definidor ocorre quando os programadores passam da condição de vítima passiva para uma condição mais ativa. Agora suas próprias ações contam para a história. Ser demitido não é mais o fato definidor da terceira versão; a ação crucial é a que eles deviam ter empreendido em 1984 ou 1985. Esse momento definidor torna-se responsabilidade deles. Só fazendo essa passagem é que podem começar a enfrentar o fato de que fracassaram em suas carreiras.

Os tabus que cercam o fracasso significam que ele é uma experiência que muitas vezes causa profunda confusão. Um golpe único, firme, de rejeição não conterá o fracasso. Num soberbo estudo da mobilidade descendente da classe média, a antropóloga Katherine Newman observa que, "apesar de seus vários resultados, a mobilidade empresarial descendente gera uma condição liminar flutuante, ambígua". Ser um executivo de mobilidade descendente, diz ela, "é primeiro descobrir que não se é uma pessoa tão boa quanto se pensava, e depois acabar não sabendo quem ou o que se é."[126] Os homens do River Winds Café acabaram resgatando-se dessa ambiguidade subjetiva.

Pode parecer que essa saída narrativa do fracasso é arbitrária. Nietzsche diz em *Assim falou Zaratustra* que o homem comum é um espectador furioso do passado, sem o poder da "vontade retrospectiva".[127] Porém, os programadores não podiam viver como espectadores furiosos de seu passado, e assim dobraram de fato suas vontades para trás no tempo. E na evolução da narrativa os homens do River Winds Café acabaram deixando de falar como filhos de uma empresa paternalista: abandonaram a visão de que os poderosos são demônios conspiradores, e seus substitutos de Bombaim intrusos ilegítimos. Sua interpretação tornou-se dessa forma mais realista.

Como essa *forma* narrativa quebra o senso de deriva interior sem destino que Lippmann julgava tão corrosiva? Vejam outro tipo de narrativa que pode se sintonizar melhor com as circunstâncias atuais. O romancista Salman Rushdie afirma que o eu moderno é "um edifício instável que construímos com raspas, dogmas, mágoas da infância, artigos de jornal, observações casuais, velhos filmes, pequenas vitórias, pessoas odiadas, pessoas amadas".[128] Para ele, a narrativa de uma vida aparece como uma colagem, uma montagem do acidental, do encontrado e do improvisado. A mesma ênfase na descontinuidade aparece nos textos do filósofo Zygmunt Bauman e do teólogo Mark Taylor; eles celebram os esforços de romancistas como Joyce ou Calvino para subverter as tramas benfeitas, como uma forma de mostrar o fluxo da experiência comum.[129] A psique permanece num estado de interminável vir a ser — um eu jamais acabado. Nessas circunstâncias, não pode haver uma narrativa de vida coerente, um momento esclarecedor de mudança iluminando o todo.

Essas visões da narrativa, às vezes chamadas "pós-modernas", refletem na verdade a experiência do tempo na moderna economia política. Um eu maleável, uma colagem de fragmentos em incessante vir a ser, sempre aberto a novas experiências — essas são as condições adequadas à experiência de trabalho de curto prazo, a instituições flexíveis e ao constante correr riscos. Mas há pouco espaço para compreender o colapso de uma carreira, se se acredita que toda história de vida é apenas uma montagem de fragmentos. Tampouco há qualquer espaço para avaliar a gravidade e a dor do fracasso, se o fracasso é apenas mais um incidente.

A fragmentação do tempo narrativo é particularmente acentuada no ambiente profissional dos programadores. Em *City of Bits*, o arquiteto William Mitchell descreve o ciberespaço como "uma cidade sem raízes em qualquer ponto definido na superfície da Terra... e habitada por sujeitos incorpóreos e fragmentados, que existem como coleções de alcunhas e agentes".[130] A analista de tecnologia Sherry Turkle diz que uma pessoa lhe disse:

— Eu simplesmente ligo uma parte de minha mente e depois outra quando vou de janela em janela. Estou numa espécie de discussão numa janela e tentando pegar uma garota... em outra, e outra janela pode estar rodando um programa de planilha de cálculo.[131]

Fredric Jameson fala da "incessante rotação de elementos" na experiência moderna, como a que ocorre na passagem de uma janela para outra na tela.[132]

Os programadores recuperaram conversando a ligação ausente na tela do computador. A narrativa deles parece de fato pós-moderna em sua luta por coerência e um sólido "eu" autoral. Pode-se dizer que a narrativa deles é — para usar outra expressão da moda — de resistência. Mas em seu alcance ético o desfecho dessa conversa foi mais profundo.

No fim, os programadores falavam com um ar mais de resignada finalidade que de raiva sobre o fato de estarem "passados", de terem destruído suas chances, embora não estejam no auge físico. Nessa terceira versão, os homens sentiram-se desobrigados de continuar lutando — sentiram a profunda fadiga da vida que se apodera de muitas pessoas de meia-idade. Quem provou profundamente um fracasso reconhecerá o impulso: diante da destruição da esperança e do desejo, a preservação de nossa voz ativa é a única maneira de torná-lo suportável. Simplesmente declarar nossa vontade de aguentar não basta. Rico está cheio de princípios orientadores, e tem muitos conselhos absolutos para dar a si mesmo, mas essas panaceias não curam seus medos. O conselho que os engenheiros dão a si mesmos consiste em locuções como: "Eu devia ter sabido..." e "Se eu ao menos..." Nessa dicção, o alívio não é estranho da resignação. E resignação é um reconhecimento do peso da realidade objetiva.

A narrativa deles tentou assim uma espécie de autocura. Mas a narrativa em geral efetua o trabalho de cura por sua estrutura, não oferecendo conselho. Mesmo grandes alegorias, incluindo as tão impudicas no moralizar como *Pilgrim's Progress*, de Bunyan, transcendem a intenção de mostrar ao leitor como agir. Bunyan, por exemplo, torna as tentações do mal tão complexas que o leitor se atém aos problemas do cristão, em vez de buscar imitar as soluções. A cura da narrativa vem precisamente dessa luta com o problema. O trabalho curativo do criar uma narrativa não limita seu interesse a fazer os fatos saírem da maneira "certa". Em vez disso, uma boa narrativa reconhece e sonda a realidade de todas as formas erradas que a vida pode produzir e produz. O leitor de um romance, o espectador de uma peça experimentam o conforto particular de ver pessoas e fatos se enquadrarem num padrão de tempo; a "moral" da narrativa está na forma, não no conselho.

Pode-se dizer, finalmente, que esses homens enfrentaram o fracasso no passado, elucidaram os valores de suas carreiras, mas não encontraram meios de ir em frente. No presente flexível e fragmentado, talvez pareça possível criar narrativas apenas sobre o que foi, e não mais narrativas previsíveis sobre o que será. O fato de os homens do River Winds Café se haverem retirado agora do compromisso ativo com a comunidade local talvez pareça apenas confirmar essa condição de particípio passado. O regime flexível talvez pareça gerar uma estrutura de caráter constantemente "em recuperação".

Ironicamente, esses são os Davis que enfrentam o Golias do regime flexível. Foi como indivíduos daqueles que Walter Lippmann admirava que os programadores descobriram uma forma de discutir o fracasso uns com os outros, e com isso encontrar um senso coerente de eu e de tempo. Embora devamos admirar a força individual, o voltar-se para dentro de si próprios para as relações íntimas mostra os limites da coerência que alcançaram. Exige-se um senso maior de comunidade, e um senso mais pleno de caráter, do crescente número de pessoas que, no capitalismo moderno, estão condenadas a fracassar.

OITO

O Pronome Perigoso

As propostas práticas mais convincentes que ouvi para enfrentar os problemas do novo capitalismo concentram-se nos lugares onde ele opera. As empresas modernas gostam de apresentar-se como tendo-se libertado das exigências de lugar; uma fábrica no México, um escritório em Bombaim, um centro de comunicações na baixa Manhattan — aparecem como meros nódulos na rede global. Hoje, localidades, cidades ou países receiam que, se exercerem sua soberania, por exemplo, impondo impostos ou restringindo as demissões sumárias, uma empresa possa com a mesma facilidade encontrar outra ilha na rede, uma fábrica no Canadá em vez de no México, um escritório em Boston em vez de Manhattan. Por receio de provocar a IBM a ir-se embora de vez, muitas localidades no Vale do Hudson recuaram de contestar a decisão da empresa de devastar a vida de trabalho de cidadãos como os programadores.

Já há sinais, porém, de que a economia não é tão indiferente à localização quanto se supunha: pode-se comprar qualquer ação que se queira em Dubuque, Iowa, mas não fazer um mercado de ações nos campos de milho. A IBM estava de fato demasiado enraizada em sua rede de fornecedores e distribuidores, em sua proximidade das atividades financeiras na cidade de Nova York, para simplesmente fugir para o exterior. Como observou a economista Saskia Sassen, a economia global não flutua no espaço cósmico. Mesmo nos mercados de mão de obra mais flexíveis do globo, no Sudeste Asiático, está se tornando claro que geografias sociais e culturais locais contam muito para determinadas decisões de investimentos.[133] O lugar tem poder, e a nova economia pode ser restringida por ele.

É mais eficaz contestar o novo capitalismo de fora, nos lugares onde ele atua, ou tentar reformar suas operações de dentro? Dos três aspectos estruturais da flexibilidade — reinvenção descontínua, produção flexível e concentração de poder sem centralização — parece de fato possível conter de fora algumas consequências destrutivas da reinvenção descontínua; a redução podia ser limitada, por exemplo. Seria mais difícil regular as outras de fora. Mas contenção apenas é a questão errada.

O esforço para controlar de fora o funcionamento do novo capitalismo precisa ter um raciocínio diferente: deve perguntar o valor da empresa para a comunidade, como ela serve mais a interesses cívicos que apenas ao livro-caixa de lucros e perdas. A imposição de padrões externos de comportamento muitas vezes gera reforma interna; precisamente porque o mundo da rede é tão amorfo, tão inconstante, os padrões externos de comportamento podem mostrar à empresa um quadro de "como você deve ser, aqui, onde você está, neste momento". Contudo, o objetivo de tornar as empresas melhores cidadãs, embora digno, também tem seus limites. Os novos donos da padaria de Boston, por exemplo, na verdade agem como bons cidadãos, partilhando seus lucros e funcionários; Rodney Everts, que tentou em vão ensinar o fabrico de pão a seus cotrabalhadores, é liberado um dia por semana para ensinar isso numa escola técnica local. Contudo, esse ato de boa vontade física nada faz dentro da padaria para tornar o trabalho mais atraente, nem fortalece as identidades de trabalho dos empregados de Everts.

Lugar é geografia, um local para a política; comunidade evoca as dimensões sociais e pessoais de lugar. Um lugar se torna uma comunidade quando as pessoas usam o pronome "nós". Falar desse jeito exige uma ligação particular, embora não local; um país pode constituir uma comunidade quando nele as pessoas traduzem crenças e valores partilhados em práticas diárias concretas. Rousseau foi o primeiro escritor moderno a compreender como o funcionamento da política se baseia profundamente nesses rituais da vida diária, como a política depende do "nós" comunal. Uma das consequências não pretendidas do capitalismo moderno é que fortaleceu o valor do lugar, despertou o anseio de comunidade. Todas as condições emocionais que estudamos no local de trabalho animam esse desejo: as incertezas da flexibilidade; a ausência de confiança e compromisso com raízes fundas; a superficialidade do trabalho em equipe; acima de tudo, o espectro de não fazermos nada de nós mesmos no mundo, de não "arranjarmos um galho" com o nosso trabalho. Todas essas condições levam as pessoas a buscar outra cena de ligação e profundidade.

Hoje, no novo regime de tempo, esse uso do "nós" se tornou um ato de autoproteção. O desejo de comunidade é defensivo, muitas vezes manifestado como rejeição a imigrantes e outros marginais — sendo a arquitetura comunal mais importante que as muralhas contra uma ordem econômica hostil. Claro, é quase uma lei universal que o "nós" pode ser usado como defesa contra a confusão e a deslocação. A atual política baseada nesse desejo de refúgio visa mais aos fracos, os que viajam pelos circuitos do mercado de mão de obra global, mais que aos fortes, as instituições que põem pobres trabalhadores em movimento ou exploram sua relativa privação. Os programadores da IBM, como vimos, acabaram voltando-se psicologicamente para dentro de si próprios, mas num aspecto importante transcenderam esse senso defensivo de comunidade, quando deixaram de culpar os colegas indianos e seu próprio presidente judeu.

"Nós" é muitas vezes uma locução falsa quando usada como ponto de referência contra o mundo externo. Rico conhecia demasiado bem os dois lados dessa falsa locução. Por um lado, observou que seus vizinhos, toda vez que se mudava, tinham laços tênues uns com os outros; ele teve de começar de novo em cada nova área residencial pela qual passou, lugares em que as pessoas aparecem e desaparecem a cada três ou quatro anos. E seu próprio senso de "nós", expresso na linguagem dos padrões comunitários e valores da família, era uma abstração estática, cujo próprio conteúdo ele detestava antes e não podia praticar agora. O "nós" pode mais largamente se ocultar na desconjuntada montagem de etnicidades num país, ou em suas histórias de conflito étnico. Agora esse "nós" fictício retornou à vida, como defesa contra uma vigorosa nova forma de capitalismo.

Apesar de tudo, também se pode usar o perigoso pronome para exames mais minuciosos e positivos. Vejam os dois elementos da expressão "destino partilhado". Que espécie de partilha é necessária para resistir, em vez de fugir, diante da nova economia política? Que tipo de relações pessoais constantes pode conter o uso de "nós"?

A ligação social nasce, de forma mais elementar, do senso de mútua dependência. Todos os jargões da nova ordem tratam a dependência como uma condição vergonhosa: o ataque à rígida hierarquia burocrática quer libertar estruturalmente as pessoas da dependência; o assumir riscos destina-se mais a estimular a autoafirmação que a submissão ao que existe. Dentro das empresas modernas não há lugar honroso para o serviço — a própria palavra invoca o último refúgio do conformista. A celebração por John Kotter da consultoria como o ápice do comportamento empresarial flexível pressupõe que o consultor não deve nada a ninguém.

Tais atitudes são mais que preconceitos psicológicos. O ataque ao estado assistencial, iniciado no regime neoliberal, anglo-americano, e que agora se espalha para outras economias políticas mais "renanas", trata os dependentes do estado com a desconfiança de que são parasitas sociais, mais do que desvalidos de fato. A destruição das redes assistenciais e dos direitos é por sua vez justificada como libertando a economia política para agir com mais flexibilidade, como se os parasitas puxassem para baixo os membros mais dinâmicos da sociedade. Veem-se também os parasitas sociais como profundamente alojados no corpo produtivo — ou pelo menos isso é o que passa o desprezo pelos trabalhadores aos quais se precisa dizer o que fazer, que não tomam iniciativa por conta própria. A ideologia do parasitismo social é um poderoso instrumento no local de trabalho; o trabalhador precisa mostrar que não está se aproveitando do trabalho dos outros.

Uma visão mais positiva da dependência, antes de mais nada, contestaria o lugar-comum da oposição dependência e independência. Quase sem pensar, aceitamos contrastar o eu fraco, dependente, com o forte e independente. Mas, como o contraste entre sucesso e fracasso, essa oposição achata a realidade. "A pessoa realmente autossuficiente não se revela de modo algum tão independente quanto supõem os estereótipos culturais", observa o psicólogo John Bowlby; na vida adulta, "a pessoa autossuficiente saudável" é capaz de depender de "outras quando a ocasião exige, e saber em quem convém confiar".[134] Nas relações íntimas, o medo de tornar-se dependente de outra pessoa é uma falta de confiança nela; em vez disso, prevalecem nossas defesas.

Do mesmo modo, em muitas sociedades, pouca ou nenhuma vergonha se ligou a experiências mais públicas de dependência, onde o fraco precisa do forte. O antigo dependente romano pedia a seu protetor favores ou ajuda como uma coisa natural, e o protetor perdia prestígio se não pudesse cuidar dos que dependiam dele. Louis Dumont e Takeo Doi documentaram como nas sociedades indiana e japonesa a de- pendência não trazia igualmente nenhuma sugestão de humilhação.[135] No início do capitalismo, como mostrou Albert Hirschmann, a confiança nas relações comerciais surgiu pelo franco reconhecimento da dependência mútua — que não é exatamente o mesmo que uma honrosa relação entre forte e fraco, mas ainda um reconhecimento de que um só não basta para sustentar-se. Jacques Savary, autor de *Le parfait négotiant*, do século dezessete, declarava que a divina providência quer "que os homens negociem entre si, e portanto que a necessidade mútua de ajudar um ao outro estabeleça laços de amizade entre si".[136] E quando comerciantes admitem necessidade mútua, observou Montesquieu um século depois, "o comércio... lustra e suaviza modos bárbaros".[137]

Claro, a necessidade mútua também governa as modernas transações comerciais; se não há necessidade de outro, não há troca. E para a maioria das pessoas essa necessidade é desigual, porque no moderno mercado de mão de obra a maioria trabalha para outros. A nova ordem não apagou o fato concreto da dependência; a taxa de trabalho autônomo em tempo integral nos Estados Unidos, por exemplo, manteve-se constante em cerca de 8 por cento nos últimos quarenta anos.

Um acentuado fracasso é a experiência pessoal que leva a maioria das pessoas a reconhecer que a longo prazo elas não se bastam. O que mais impressiona na experiência dos programadores da IBM é que acabaram falando claramente em fracasso, sem culpa nem vergonha. Mas esse resultado exigiu a presença de outros, e aproximou-os mais uns dos outros. A conquista deles — que não é uma palavra demasiado forte —

é ter chegado a um estado em que não se envergonhavam nem de sua necessidade nem de sua incompetência.

Uma visão positiva dos próprios limites e da dependência mútua parece ser mais da área da ética religiosa que da economia política. Mas a vergonha da dependência tem uma consequência prática. Corrói a confiança e o compromisso mútuos, e a ausência desses laços ameaça o funcionamento de qualquer empreendimento coletivo.

Os problemas de confiança assumem duas formas; numa, a confiança simplesmente está ausente, na outra há uma desconfiança mais ativa dos outros. O laço de confiança, como vimos, desenvolve-se informalmente nas brechas e fendas das burocracias à medida que as pessoas aprendem de quem podem depender. Os laços de confiança são testados quando as coisas dão errado e a necessidade de ajuda se torna aguda. Um dos motivos pelos quais os padeiros de Boston têm uma solidariedade tão fraca é que ficam impotentes quando as máquinas quebram. Não acreditam que possam confiar uns nos outros numa crise, e essa crença é correta. Ninguém entende as máquinas, as pessoas entram e saem em horários flexíveis; têm outros empregos e responsabilidades. Em vez de desconfiança mútua, há uma falta de confiança; não há base para ela. A falta de confiança também pode ser criada pelo exercício flexível do poder. Durante os anos de redução da IBM, como observou Anthony Sampson, a empresa passou uma falta de confiança aos empregados que sobreviveram dizendo-lhes que agora estavam por conta própria, não eram mais seus filhos. Isso manda um forte recado contraditório: estamos todos unidos na crise; por outro lado, se não se cuidarem, passaremos sem vocês.

Quando as pessoas acham vergonhoso estar em necessidade, podem tornar-se mais decididamente desconfiadas das outras. Vejam a profunda ambivalência de Rose em relação às mulheres mais jovens em sua agência de publicidade. Ir trabalhar na parte alta inaugurou uma crise sobre sua idade, expressa na maneira como se sentia em relação às roupas, até à forma de seus óculos. Tinha vergonha de sua aparência, mas também de precisar ser tranquilizada; dependia das mais jovens para isso, mas quando elas o faziam, ela não acreditava. Nos meses de conversa que tive com ela, surgiu repetidas vezes a "atitude condescendente" dessas mulheres; ela se concentrava muito mais em saber se podia realmente acreditar no que elas diziam e como se comportavam com ela do que se preocupava com o "facilitador" da equipe, ao qual tratava apenas como uma piada.

Pode-se dizer que se trata apenas do orgulho ferido de uma pessoa, mas eu acho que não. O tom ácido das atuais discussões das necessidades assistenciais, direitos e redes de segurança está impregnado de insinuações de parasitismo de um lado, enfrentado pela raiva dos humilhados do outro. Quanto mais vergonhoso nosso senso de dependência, mais inclinados estamos à raiva dos humilhados. Restaurar a confiança nos outros é um ato reflexo; exige menos medo de vulnerabilidade em nós mesmos. Mas esse ato reflexo tem um contexto social. As organizações que celebram a independência e a autonomia, longe de inspirarem seus empregados, podem despertar esse senso de vulnerabilidade. E as estruturas sociais que não promovem positivamente a dependência dos outros numa crise instilam a mais neutra e vazia falta de confiança.

"Confiança", "responsabilidade mútua", "compromisso", todas são palavras que acabaram sendo apropriadas pelo movimento chamado "comunitarismo". Esse movimento quer fortalecer os padrões morais, exigir dos indivíduos que se sacrifiquem por outros, prometendo que, se as pessoas obedecerem a padrões comuns, encontrarão uma força e realização emocional mútuas que não podem sentir como indivíduos isolados. O comunitarismo, em minha opinião, tem um direito de posse bastante dúbio em relação à confiança ou ao compromisso; enfatiza falsamente a unidade como fonte de força numa comunidade, e teme erroneamente que, quando surgem conflitos, os laços sociais sejam ameaçados.

Uma visão mais realista de como as comunidades se mantêm juntas aparece no clássico ensaio de Lewis Coser, *The Functions of Social Conflict*.[138] Ele afirmou que as pessoas são mais ligadas pelo conflito verbal que pela concordância verbal, pelo menos concordância imediata. Em conflito, elas têm de se esforçar mais para comunicar-se; como muitas vezes acontece nas negociações trabalhistas ou diplomáticas, aos poucos as regras básicas da luta unem os partidos em contenda. Coser observou que as diferenças de opinião muitas vezes se tornam mais agudas e explícitas, embora as partes possam acabar chegando a um acordo: a cena do conflito torna-se uma comunidade, no sentido de que as pessoas aprendem a ouvir e responder umas às outras, mesmo quando mais agudamente sentem suas diferenças.

Essa visão do "nós" comunal é muito mais profunda que a partilha muitas vezes superficial de valores comuns que com frequência aparece no moderno comunitarismo, ou na estática declaração de Rico sobre valores de família. Os laços criados pelo conflito interno estão muito distantes das declarações defensivas de solidariedade comunal que caracterizam a reação ao deslocamento econômico hoje; na opinião de Coser, não há comunidade enquanto não se reconhecem diferenças dentro dela. O trabalho em equipe, por exemplo, não reconhece diferenças em privilégio ou poder, e por isso é uma forma fraca de comunidade; supõe-se que todos os membros da equipe de trabalho partilham uma motivação comum, e é exatamente essa suposição que enfraquece a verdadeira comunicação. Fortes laços entre as pessoas significam enfrentar com o tempo suas diferenças. Rico teve, literalmente, muito pouco tempo em cada um dos lugares em que viveu para experimentar esse tipo de comunidade.

As opiniões pós-modernas do eu como as de Salman Rushdie enfatizam a ruptura e o conflito, mas não a comunicação entre os eus fragmentados. A visão de processo da comunidade reflete-se mais nos atuais estudos políticos sobre democracia deliberada, notadamente na obra de Amy Gutmann e Dennis Thompson, em que se toma a expressão de desacordo em evolução como unindo mais as pessoas que a simples declaração de princípios "corretos".[139] O processo de conflito comunitário reflete, na psicologia social, dissonância cognitiva e atenção focal; numa comunidade, a atenção focal é partilhada. E há um curioso reflexo nessa visão do ataque de Adam Smith à rotina e em sua celebração da simpatia. A rotina é uma ação repetitiva, e portanto não tem história, evolução; a simpatia é uma súbita explosão de compreensão de outra pessoa, que não vem, diz Smith, imediatamente, mas só após um longo período de resistência ou percepção errônea.

A compreensão da comunidade como um processo em desdobramento no tempo apareceu na *Enciclopédia* de Diderot, embora L'Anglée não fosse cenário de conflito. Os ritmos de tempo que Diderot celebrou ali, mais tarde afirmados nos textos de Anthony Giddens sobre o hábito, enfatizavam a evolução gradual como uma forma civilizada de mudança. Os sociólogos da disputa e do confronto não acreditam que o confronto verbal constante seja incivilizado; em vez disso, forma uma base mais realista para a ligação entre pessoas de poder desigual ou com interesses diferentes.

Dir-se-ia que esse tipo de comunidade pejada de conflito é exatamente o que um regime flexível deveria inspirar. As rupturas de tempo, a desorganização social que implica, devem obrigar as pessoas à articulação e negociação de suas diferenças, mais do que provocar a cooperatividade superficial do trabalho em equipe. Mesmo que os superiores tentem se esquivar do confronto, os subordinados estudados por Harley Shaiken e Laurie Graham devem buscá-lo.

Claro, os que têm o poder de evitar responsabilidade também têm os meios de reprimir a dissensão. Fazem isso reprimindo o poder de "voz", como o chama Albert Hirschmann, entre os trabalhadores mais velhos, transformando a voz da experiência num sinal negativo de envelhecimento, de que se está demasiado envolvido no modo como tudo se fazia antes. Mas ainda assim, por que algumas pessoas têm o desejo de voz; por que estariam dispostas a continuar discutindo e deliberando, mesmo em prejuízo próprio? Não se pode restringir a decisão de continuar na luta ao senso de ofensa institucional, ou lealdade institucional. Saem feridos muitos mais do que os que choram. Para imaginar comunidades dispostas a enfrentar o novo capitalismo, devemos também pensar na força do caráter.

Foi por esses motivos que os programadores da IBM me pareceram os caracteres mais fortes que encontrei. Assumiram juntos a responsabilidade por seus fracassos e insuficiências. Isso lhes deu força; também proporcionou um esquema narrativo para sua experiência. Que espécie de coerência no tempo conseguiram?

Alguns filósofos franceses buscaram definir a disposição de permanecer na luta estabelecendo uma distinção entre *maintien de soi*, manutenção de si, e *constance à soi*, fidelidade a si: a primeira mantém uma identidade no correr do tempo, a segunda invoca virtudes como honestidade consigo mesmo sobre os seus defeitos.[140] A manutenção de si é uma atividade mutável, uma vez que nossas circunstâncias mudam e nossa experiência se acumula; a fidelidade a si, como em ser honesto sobre os próprios defeitos, deve ser constante, independentemente do lugar ou idade em que nos encontremos.

Emmanuel Levinas tentou esclarecer, porém, que a *constance à soi* tem uma dimensão social, em termos de ser responsável por outras pessoas. Essa é uma ideia ao mesmo tempo muito simples e muito complexa. Simples porque afirma que meu senso de valor próprio depende de os outros poderem contar comigo. Complexo porque preciso agir responsavelmente, mesmo que não me conheça, e independentemente do grau de confusão ou despedaçamento de meu próprio senso de identidade.[141] Isso não era abstração para Levinas; durante a Segunda Guerra Mundial, ele viu milhares de irmãos judeus franceses lutarem para agir confiavelmente uns com os outros diante da perseguição nazista e de Vichy, embora a maioria antes não partilhasse uma forte identidade comum como judeus.

A ideia de responsabilidade e autoconstância de caráter de Levinas foi por sua vez desenvolvida pelo filósofo Paul Ricoeur da seguinte maneira: "Como alguém conta comigo, eu sou responsável por minha ação perante outro."[142] Independentemente da vida errática que vivamos, nosso mundo deve ser bom. Mas Ricoeur afirma que só podemos seguir esse padrão imaginando constantemente que há uma testemunha para tudo que fazemos e dizemos, e que, além disso, essa testemunha não é um observador passivo, mas alguém que conta conosco. Para sermos dignos de confiança, devemos nos sentir necessários; para nos sentirmos necessários, esse Outro tem de estar em necessidade.

"Quem precisa de mim?" é uma questão de caráter que sofre um desafio radical no capitalismo moderno. O sistema irradia indiferença. Faz isso em termos dos resultados do esforço humano, como nos mercados em que o vencedor leva tudo, onde há pouca relação entre risco e recompensa. Irradia indiferença na organização da falta de confiança, onde não há motivo para se ser necessário. E também na reengenharia das instituições, em que as pessoas são tratadas como descartáveis. Essas práticas óbvia e brutalmente reduzem o senso de que contamos como pessoa, de que somos necessários aos outros.

Pode-se dizer que o capitalismo foi sempre assim. Mas não do mesmo jeito. A indiferença do antigo capitalismo ligado à classe era cruamente material; a indiferença que se irradia do capitalismo flexível é mais pessoal, porque o próprio sistema é menos cruamente esboçado, menos legível na forma. Enrico sabia onde estava; os velhos padeiros gregos tinham imagens claras, verdadeiras ou falsas, de seus amigos e inimigos. O velho hábito do marxismo era tratar a confusão como uma espécie de falsa consciência; em nossas circunstâncias, é um reflexo exato da realidade. Daí a confusão pessoal hoje sobre a resposta à questão: "Quem na sociedade precisa de mim?"

A falta de responsividade é uma reação lógica ao sentimento de que não somos necessários. Isso se aplica tanto às comunidades de trabalho quanto aos mercados de mão de obra que demitem os trabalhadores de meia-idade. As redes e equipes enfraquecem o caráter — o caráter como Horácio o descreveu pela primeira vez, como ligação com o mundo, como ser necessário aos outros. Ou, mais uma vez, nos conflitos comunais é difícil nos engajarmos se nosso antagonista declara, como o administrador da ATT: "Somos todos vítimas da época e do lugar." Está faltando o Outro, e assim estamos desligados. As verdadeiras ligações feitas com outros pelo reconhecimento da incompreensão mútua são mais reduzidas ainda pelo comunitarismo e o protecionismo moral — pelas claras afirmações daqueles valores partilhados, pelo "nós" do trabalho em equipe, de rala comunidade.

O filósofo Hans-Georg Gadamer declara que "o eu que somos não se possui a si mesmo; pode-se dizer que [o eu] 'acontece'", sujeito aos acidentes do tempo e aos fragmentos da história. Assim, "a consciência de si do indivíduo", declara Gadamer, "é apenas um piscar do circuito fechado de vida histórica".[143] Esse é o problema do caráter no capitalismo moderno. Há história, mas não narrativa partilhada de dificuldade, e portanto tampouco destino partilhado. Nessas condições, o caráter se corrói; a pergunta "Quem precisa de mim?" não tem resposta imediata. Nem a comunidade de programadores pôde mais responder, além de que precisavam dos outros em volta da mesa do River Winds Café.

Contudo, tive uma espécie de epifania em Davos, ouvindo os governantes do reino flexível. Também para eles, "nós" é um pronome perigoso. Eles habitam confortavelmente a desordem econômica, mas temem o confronto organizado. Temem, claro, o ressurgimento dos sindicatos, mas ficam aguda e pessoalmente desconfortáveis, mexendo-se ou evitando olhar nos olhos, ou retirando-se para trás de anotações, se obrigados a discutir as pessoas que, em seu jargão, foram "deixadas para trás". Sabem que a grande maioria dos que mourejam no regime flexível é deixada para trás, e claro que lamentam isso. Mas a flexibilidade que festejam não dá, não pode dar, qualquer orientação para a conduta de uma vida comum. Os novos senhores rejeitaram carreiras no velho sentido inglês da palavra, estradas pelas quais as pessoas podem viajar; os caminhos de ação duráveis e constantes são territórios estrangeiros.

Pareceu-me, portanto, quando entrava e saía das salas de conferência, passava pelo emaranhado de limusines e policiais nas ruas da aldeia montanhesa, que esse regime poderia pelo menos perder o atual domínio que exerce sobre as imaginações e sentimentos dos que estão embaixo. Aprendi com o amargo passado radical de minha família; se ocorre mudança, ela se dá no chão, entre pessoas que falam por necessidade interior, mais do que por levantes de massa. Que programas políticos resultam dessas necessidades interiores, eu simplesmente não sei. Mas sei que um regime que não oferece aos seres humanos motivos para ligarem uns para os outros não pode preservar sua legitimidade por muito tempo.

APÊNDICE

Tabelas Estatísticas

TABELA 1. EMPREGO POR INDÚSTRIAS ESCOLHIDAS, COM PROJEÇÕES, 1979 a 2005

INDÚSTRIA	EMPREGO (1.000)			TAXA DE CRESCIMENTO ANUAL	
	1979	1992	2005 Proj.[1]	1979-92	1992-2005 Proj.[1]
Manufatura	21.040	18.040	17.523	−1,2	−0,2
Finanças, seguro e bens imobiliários	4.975	6.571	7.969	2,2	1,5
Oferta de serviços pessoais	508	1.649	2.581	9,5	3,5
Serviços de computação e processamento de dados	271	831	1.626	9,0	5,3
Governo federal	2.773	2.969	2.815	0,5	−0,4
Governo estadual e local	13.174	15.683	19.206	1,4	1,6

[1] Com base em suposições de crescimento moderado.
Dados extraídos do Departamento de Censo dos EUA, *Resumo Estatístico dos Estados Unidos: 1995* (Washington, D.C.: 1995), p. 417.

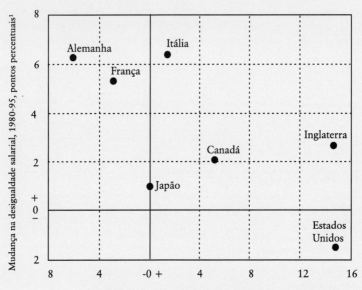

TABELA 2. Desigualdade Salarial e Desemprego

[1]Medida pela taxa dos ganhos do mais baixo decil salarial para o salário médio.
Fonte: OECD.

Tabela 3. Aumento de Produtividade em Cinco Países Industrializados, 1950-86

Período	França	Alemanha	Japão	Reino Unido	Estados Unidos
Aumento de PIB por Pessoa Empregada					
1950-73	4,55	4,99	7,21	2,53	1,96
1973-79	2,65	2,78	2,87	1,30	0,03
1979-86	1,85	1,58	2,72	1,71	0,82
Aumento de PIB por Hora, Economia Total					
1950-73	5,01	5,83	7,41	3,15	2,44
1973-79	3,83	3,91	3,40	2,18	0,80
1979-84	3,24	1,88	3,06	2,95	1,09
Aumento de PIB por Hora, Setor de Manufatura					
1950-73	5,93	6,31	9,48	3,25	2,62
1973-79	4,90	4,22	5,39	0,83	1,37
1979-86	3,50	2,78	5,47	4,28	3,10

Extraído de Martin Neil Baily e Margaret M. Blair, "Productivity and American Management", em Robert E. Litan, Robert Z. Lawrence e Charles L. Schultze, eds., *American Living Standards: Threats and Challenges* (Washington, D.C.: Brookings Institute, 1988), p. 180.

Tabela 4. Membros de Sindicatos nos EUA, 1940-93

Ano	Força de Trabalho[1] (1.000)	Membros de Sindicatos (1.000)	Porcentagem
1940	32.376	8.717	26,9
1945	40.394	14.322	35,5
1950	45.222	14.267	31,5
1955	50.675	16.802	33,2
1960	54.234	17.049	31,4
1965	60.815	17.299	28,4
1970	70.920	19.381	27,3
1975	76.945	19.611	25,5
1980	90.564	19.843	21,9
1985	94.521	16.996	18,0
1990	103.905	16.740	16,1
1991	102.786	16.568	16,1
1992	103.688	16.390	15,8
1993	105.067	16.598	15,8

[1]Não inclui emprego agrícola.
Dados extraídos de *The World Almanac and the Book of Facts, 1995* (Mahwah, N.J.: 1995), p. 154.

TABELA 5. COMPOSIÇÃO POR IDADE E GÊNERO DA FORÇA DE
TRABALHO E TAXA DE EMPREGO EM MEIO PERÍODO,
1969, 1979 e 1989[1]

	1969		1979		1989	
	% pop. empreg.	% meio per.	% pop. empreg.	% meio per.	% pop. empreg.	% meio per.
Todos 16-21	12,8	40,6	14,0	41,7	10,3	46,3
Mulheres 22-44	17,3	22,7	23,1	22,5	27,7	21,9
Mulheres 45-64	13,2	22,5	11,3	24,4	11,6	23,8
Homens 22-64	53,2	3,7	48,9	4,8	47,8	6,7
Todos 65+	3,5	41,0	2,7	52,9	2,6	52,4
Total	100,0	15,5	100,0	17,6	100,0	18,1

[1]Inclui apenas trabalhadores não agrícolas empregados.
Extraído de Chris Tilly, "Short Hours, Short Shrift: The Causes and Consequences of Part-Time Employment", in Virginia L. duRivage, ed., *New Policies for the Part-Time and Contingent Workforce* (Armonk, N.J.: M. E. Sharpe, 1992), p. 27.

Tabela 6. A Organização do Tempo de Trabalho em 1991

Características	Emprego Total	Horários de Trabalho — Distribuição Percentual					
		Horários Diurnos Regulares		Trabalhadores de Turno			
		Total	Trabalhadores em horários flexíveis[1]	Total	Tarde	Noite	Rotativo
Total 1991	80.452	81,8	15,1	17,8	5,1	3,7	3,4
Sexo							
Homem	46.308	79,5	15,5	20,2	5,4	4,2	4,0
Mulher	34.145	85,0	14,5	14,6	4,6	2,9	2,6
Raça e origem hispânica							
Brancos	68.795	82,6	15,5	17,1	4,6	3,4	3,3
Negros	8.943	76,0	12,1	23,3	8,4	5,6	4,7
Hispânicos	6.598	80,3	10,6	19,1	6,4	4,6	2,7
Ocupação							
Chefias e liberais	22.630	89,6	22,1	10,0	1,6	1,4	1,8
Técnica, vendas, administração	24.116	85,9	17,7	13,8	3,5	2,4	2,7
Serviço ocupações	8.389	57,1	10,5	42,5	14,7	8,7	7,9
Operadores, fabricantes e trabalhadores braçais	13.541	73,4	7,3	26,2	8,6	6,8	4,8

[1] O horário flexível permite aos trabalhadores variar a hora e o local onde trabalham.
Dados extraídos do Departamento de Censo dos EUA, *Resumo Estatístico dos Estados Unidos: 1995* (Washington, D.C.: 1995), p. 410.

TABELA 7. TRABALHADORES USANDO COMPUTADORES EM TRABALHOS DE ESCRITÓRIO, 1993

Categoria	N° de computadores usados (1.000)	TIPO DE APLICAÇÃO[1]						
		Contabilidade/Inventário	Processador de Texto	Comunicações	Análise/Planilha	Bancos de Dados	Editoração eletrônica	Vendas e Televendas
Sexo								
Homem	24.414	41,1	45,2	39,4	35,2	25,3	18,1	40,7
Mulher	26.692	31,6	44,8	38,1	33,8	19,6	14,5	47,8
Raça/Etnia								
Brancos	43.020	37,2	45,8	39,3	35,2	23,0	16,7	45,9
Negros	4.016	27,5	38,3	37,3	31,2	16,8	12,9	35,5
Hispânios	2.492	29,1	45,6	32,1	27,6	18,7	16,0	33,6
Outros	1.578	39,7	39,4	37,2	33,5	22,6	10,2	44,5
Grau de Instrução								
Sem secundário completo	1.190	19,1	54,4	20,4	22,2	9,9	20,6	16,0
Secundário completo	13.307	23,7	52,5	29,4	25,8	13,3	17,6	30,8
Universitário incompleto	11.548	33,5	49,5	38,5	33,9	20,6	18,0	40,9
Diploma de adjunto	5.274	37,5	47,0	39,7	34,7	21,7	14,9	41,6
Diploma de bacharel	13.162	46,9	40,0	45,1	41,5	28,8	17,0	54,8
Diploma de mestrado	4.628	47,9	29,3	48,5	41,9	35,3	10,4	63,8
Diploma de doutorado ou de professor	1.999	42,8	27,9	45,9	39,2	28,3	5,2	66,5

[1]Uma pessoa não pode ser contada em mais de uma aplicação.
Dados extraídos do Departamento de Censo dos EUA, *Resumo Estatístico dos Estados Unidos: 1995* (Washington, D.C.: 1995), p. 430.

Tabela 8. Ganhos de Trabalhadores na Década de 1980 Até Três Anos Depois de Deixar os Empregos

Ganhos	Porcentagem de Trabalhadores
Não empregado quando pesquisado	27
Ganhando menos de 80% dos ganhos anteriores	24
Ganhando 80-94% dos ganhos anteriores	10
Ganhando 95-104% dos ganhos anteriores	11
Ganhando 105-120% dos ganhos anteriores	10
Ganhando pelo menos 120% dos ganhos anteriores	18
TOTAL	100

Extraído de Departamento de Orçamento do Congresso — *Displaced Workers: Trends in the 1980s and Implications for the Future* (Washington, D.C.: Congress of the United States, 1990), p. xii.

Tabela 9. Emprego e Educação em 1990 e Projeção para 2005

	1990 %	2005 %	% de Mudança
1. Empregos que não exigem diploma universitário	81,0	78,1	–2,9
2. Empregos que exigem diploma universitário	19,0	21,9	2,9
2a. Emprego específico que exige diploma universitário			
executivo, administrativo e chefia	5,5	6,2	0,7
especialidades liberais	9,6	10,8	1,2
técnicos	1,0	1,4	0,4
representantes e supervisores de vendas	1,8	2,3	0,5
todas as demais ocupações	0,9	1,1	0,2
3. Número total de trabalhadores	122.573.000	147.191.000	

Fonte: Departamento de Estatística do Trabalho, *Monthly Labor Rewiew* 115: 7 (julho de 1992), p. 15.

TABELA 10. MEMBROS DE SINDICATOS POR SETOR, 1983-1994

SETOR	1983	1985	1990	1994
(Total 1.000)				
Trabalhadores sindicalizados no setor público	5.737,2	5.743,1	6.485,0	7.091,0
Trabalhadores sindicalizados no setor privado	11.980,2	11.253,0	10.254,8	9.649,4
(Porcentagem)				
Trabalhadores sindicalizados no setor público	36,7	35,7	36,5	38,7
Trabalhadores sindicalizados no setor privado	16,5	14,3	11,9	10,8

Dados extraídos do Departamento de Censo dos EUA, *Resumo Estatístico dos Estados Unidos: 1995.* (Washington, D.C., 1995), p. 443.

Notas

1. Citado em *New York Times,* 13 de fevereiro de 1996, pp. Dl, D6.
2. Empresas como a Manpower cresceram 240 por cento de 1985 a 1995. Quando escrevo, a Manpower, com 600 mil pessoas em sua folha de pagamento, comparadas com 400 mil na General Motors e 350 mil na IBM, é hoje a maior empregadora do país.
3. James Champy, *Re-engineering Management* (Nova York: HarperBusiness, 1995) p. 119, pp. 39-40.
4. Walter Powell e Laurel Smith-Doerr, "Networks and Economic Life", em *The Handbook of Economic Sociology*, Neil Smelser e Richard Swedberg, eds. (Princeton: Princeton University Press, 1994), p. 381.
5. Ibid.
6. Mark Granovetter, "The Strength of Weak Ties", *American Journal of Sociology* 78 (1973), 1360-80.
7. John Kotter, *The New Rules* (Nova York: Dutton, 1995) pp. 81, 159.
8. Anthony Sampson, *Company Man* (Nova York: Random House, 1995), pp. 226-27.
9. Citado em Ray Pahl, *After Success: Fin de Siècle Anxiety and Identity* (Cambridge, R.U.: Polity Press, 1995), pp. 163-64.
10. A história dessas lâminas é a mixórdia editorial de sempre do século dezoito. Diderot e seu coeditor d'Alembert roubaram muitas delas de artistas antigos como Réamur ou contemporâneos como Patte. Cf. John Lough, *The Encyclopédie* (Nova York: McKay, 1971), pp. 85-90.
11. Herbert Applebaum, *The Concept of Work* (Albany: State University of New York Press, 1992), p. 340.
12. Ibid., p. 379.
13. Adam Smith, *The Wealth of Nations* (1776; Londres: Methuen, 1961), I:109-12.
14. Ibid., I:353.
15. Ibid., I:302-3.
16. Thomas Jefferson, *Writings,* ed. Merrill D. Peterson (Nova York: Library of America, 1984), p. 346.
17. James Madison, "Memorial and Remonstrance Against Religious Assessements", citado em Marvin Meyers, ed., *The Mind of the Founder,* ed. rev. (Hanover, N.H.: University Press of New England, 1981), p. 7.

18. Cf. a excelente discussão em Barbara Adam, *Time and Social Theory* (Philadelphia: Temple University Press, 1990), pp. 112-13.
19. Edward Thompson, "Time, Work-Discipline, and Industrial Capitalism", *Past and Present* 36 (1967), p. 61.
20. Stephen Meyer, *The Five Dollar Day: Labor Management and Social Control in the Ford Motor Company 1908-1921* (Albany: State University of New York Press, 1981), p. 12.
21. Citado em David Montgomery, *Worker's Control in America: Studies in the History of Work Technology and Labor Struggles* (Cambridge, R.U.: Cambridge University Press, 1979), p. 118.
22. Frederick W. Taylor, *The Principles of Scientific Management* (Nova York: W. W. Norton, 1967).
23. David F. Nobel, *Forces of Production: A Social History of Industrial Automation* (Nova York: Alfred A. Knopf, 1984), p. 37.
24. Daniel Bell, "Work and Its Discontents", em Bell, *The End of Ideology*, reed. (Cambridge, Mass: Harvard University Press, 1988), p. 230.
25. Max Weber, *Economy and Society*, vol. 2, ed. Guenther Roth e Claus Wittich (Berkeley: University of California Press, 1978), p. 1156.
26. Bell, p. 235.
27. Ibid., p. 233.
28. Cf. Anthony Giddens, *The Constitution of Society: Outline of a Theory of Structuration* (Cambridge, R.U.: Polity Press, 1984).
29. John Locke, *Essay Concerning Human Understanding*, ed. A. C. Fraser (Nova York: Dover, 1959), 1:458-59; David Hume, *A Treatise of Human Nature*, em *The Philosophy of David Hume*, ed. V. C. Chappell (Nova York: Modern Library, 1963), p. 176.
30. Cf. Edmund Leach, "Two Essays Concerning the Symbolic Representation of Time", em Leach, *Rethinking Anthropology* (Londres: Athlone, 1968), pp. 124-36.
31. Michael Hammer e James Champy, *Re-engineering the Corporation* (Nova York: Harper Business, 1993), p. 48.
32. Eric K. Clemons, "Using Scenario Analysis to Manage the Strategic Risks of Reengineering", *Sloan Management Review*, 36:4 (Verão de 1995), p. 62.
33. Cf. Scott Lash e John Urry, *The End of Organized Capitalism* (Madison: University of Wisconsin Press, 1987), pp. 196-231.
34. Os dois resultados foram comunicados em *The New American Workplace*, Eileen Applebaum e Rosemary Batt (Ithaca N.Y.: Cornell University Press, 1993), p. 23.
35. Bennett Harrison, *Lean and Mean* (Nova York: Basic Books, 1994), pp. 72-73.
36. Michael J. Piore e Charles F. Sabel, *The Second Industrial Divide: Possibilities for Prosperity* (Nova York: Basic Books, 1984) p. 17.

37. Deborah Morales, *Flexible Production: Restructuring of the International Automobile Industry* (Cambridge, R.U.: Polity Press, 1994), p. 6.
38. Cf. Michel Albert, *Capitalism Against Capitalism,* traduzido para o inglês por Paul Haviland (Londres: Whurr, 1993).
39. Rood Lubbers, "Globalization and the Third Way", trabalho apresentado ao Fórum sobre Democracia da Fundação Bertelsmann, outubro de 1997.
40. Simon Head, "The New, Ruthless Economy", *New York Review of Books,* 29 de fevereiro de 1996, p. 47. Tenho uma grande dívida com este excelente ensaio, por sua clara explicação da desigualdade de renda.
41. Paul Krugman "The Right, The Rich, and the Facts", *American Prospect* 11 (Outono de 1992), pp. 19-31.
42. *Economist,* 5 de novembro de 1994, p. 19.
43. Alan Greenspan, citado em *Wall Street Journal,* 20 de julho de 1995; Robert Reich, "The Revolt of the Anxious Class", discurso feito no Conselho de Liderança Democrática, 22 de novembro de 1994, p. 3.
44. Cf. "Making Companies Efficient", *Economist,* 21 de dezembro de 1996, p. 97.
45. Harrison, p. 47.
46. Dados sobre emprego de *The Network Society,* de Manuel Castells, vol. 1 (Oxford, R.U.: Blackwell, 1997), pp. 162-63. Dados sobre gênero e renda de "Trends in the Level of Inequality of Wages and Incomes in the United States", de David Card, trabalho apresentado em conferência no Conselho do Trabalho, 1997.
47. Cf. Lotte Bailyn, *Breaking the Mold: Men, Women, and Time in the New Workplace* (Nova York: Free Press, 1993).
48. Cf. Genevieve Capowski, "The Joy of Flex", *Management Review* (American Management Association), março de 1996, pp. 12-18.
49. Jeremy Rifkin, *The End of Work* (Nova York: Putnam, 1995).
50. Katherine Newman, "School, Skill, and Human Capital in the Low Wage World", trabalho a ser apresentado em conferência próxima no Conselho do Trabalho.
51. Stanley Aronowitz e William DiFazio, *The Jobless Future* (Minneapolis: University of Minnesota Press, 1994), p. 110.
52. Sherry Turkle, *Life on the Screen* (Nova York: Simon & Schuster, 1995), primeira frase, p. 64, nota 20 da segunda frase, p. 281.
53. Citado em Sherry Turkle, "Seeing Through Computers", *American Prospect,* 31 (março-abril de 1997), p. 81.
54. Ibid., p. 82.
55. Ulrich Beck, *Risk Society,* traduzido para o inglês por Mark Ritter (Londres: Sage, 1992), p. 19.

56. Cf. Robert Johansen e Rob Swigart, *Upsizing the Individual in the Downsized Organization* (Reading, Mass.: Addison-Wesley, 1994), p. 137.
57. Richard Sennett, *The Fall of Public Man* (Nova York: Knopf, 1977), p. 81.
58. Citado em Peter Bernstein, *Against the Gods: The Remarkable Story of Risk* (Nova York: Wiley, 1996), p. 119.
59. John Maynard Keynes, *A Treatise on Probability* (Londres: Macmillan, 1921), pp. 3-4.
60. Amos Tversky, "The Psychology of Risk", em *Quantifying the Market Risk Premium Phenomenon for Investment Decision Making,* William Sharpe, ed. (Charlottesville: Institute of Chartered Financial Analysts, 1990), p. 75.
61. Cf. Daniel Kahneman e Amos Tversky, "Prospect Theory: An Analysis of Decision under Risk", *Econometrica* 47:2 (1979), pp. 263-91.
62. Bernstein, p. 272.
63. Cf. Ronald Burt, *Structural Holes: The Social Structure of Competition* (Cambridge, Mass.: Harvard University Press, 1992); e, em contraste, James Coleman, "Social Capital in the Creation of Human Capital", *American Journal of Sociology* 94 (1988), pp. S95-S120.
64. Manuel Castells, *The Network Society,* 1 (Oxford: Blackwell, 1996), pp. 219-20.
65. Cf. Lash e Urry.
66. Cf. Rosabeth Moss Kantor, *When Giants Dance* (Nova York: Simon & Schuster, 1989).
67. Departamento de Estatística de Mão de Obra, *Monthly Labor Review* 115:7 (julho de 1992), p. 7.
68. Krugman, citado no *New York Times,* 16 de fevereiro de 1997 [edição nacional], seção 3, p. 10.
69. Felix Rohatyn, "Requiem for a Democrat", discurso feito na Wake Forest University, 17 de março de 1995.
70. Cf. Michael Young, *Meritocracy* (Londres: Penguin, 1971).
71. Cf. Robert Frank e Philip Cook, *The Winner-Take-All Society* (Nova York: Free Press, 1995).
72. Ibid., p. 101.
73. Smith, pp. 107, 109.
74. Cf. Gregory Bateson, *Steps to an Ecology of Mind* (San Francisco: Chandler, 1972); Leon Festinger, *Conflict, Decision and Dissonance* (Stanford, Calif.: Stanford University Press, 1967); Richard Sennett, The Uses of Disorder (Nova York: Knopf, 1970).
75. Cf. Anne Marie Guillemard, "Travailleurs vieillissants et marché du travail en Europe", in *Travail et emploi,* setembro de 1993, pp. 60-79. Meus agradecimentos a Manuel Castells pelo gráfico contendo estes números.

76. Castells, p. 443.
77. Katherine Newman, *Falling from Grace* (Nova York: Free Press, 1988), p. 70.
78. Ibid, p. 65.
79. Cf. Albert Hirschmann, *Exit, Voice, Loyalty* (Cambridge, Mass.: Harvard University Press, 1970).
80. Cf. Jon Clarke, Ian McLoughlin, Howard Rose e Robin King, *The Process of Technological Change* (Cambridge, R.U.: Cambridge University Press, 1988).
81. *The Downsizing of America* (Nova York: Times Books, 1996), pp. 7-8.
82. Oscar Wilde, *The Picture of Dorian Gray* (Londres: Penguin, 1984), p. 6.
83. Hesíodo, *Works and Days,* traduzido para o inglês por A. N. Athanassakis (Baltimore: Johns Hopkins, 1983), versos 410-13.
84. Hesíodo, *Works and Days,* versos 176-78, citados em *The Ancient Economy,* M. I. Finley, 2ª ed. (Londres: Hogarth Press, 1985), p. 81.
85. Virgílio, *Georgics,* 1.318ff., tradução minha.
86. Ibid. 2.497ff.
87. Pico della Mirandola, *Oration on the Dignity of Man,* traduzido para o inglês por Charles Glenn Wallis (Nova York: Bobbs-Merrill, 1965), p. 6.
88. Ibid., p. 5.
89. Ibid., p. 24.
90. St. Agostinho e Bispo Tyndale. Citados em *Renaissance Self-Fashioning,* Stephen Greenblatt (Chicago: University of Chicago Press, 1980), p. 2.
91. Minha interpretação de Lutero baseia-se no soberbo comentário de Jaroslav Pelikan em *Reformation of Church and Dogma,* vol. 4 de *The Christian Tradition* (Chicago: University of Chicago Press, 1984), esp. pp. 127-67.
92. Ibid., p. 131.
93. Cf. Michel Foucault, *Discipline and Punish,* traduzido para o inglês por Alan Sheridan (Nova York: Pantheon, 1977).
94. Departamento do Trabalho dos Estados Unidos, *What Work Requires of Schools: A SCANS Report for America 2000* (Washington, D.C.: 1991).
95. Charles N. Darrah, *Learning and Work: An Exploration in Industrial Ethnography* (Nova York: Garland Publishing, 1996), p. 27.
96. Ibid.
97. Laurie Graham, *On the Line at Subaru-Isuzu* (Ithaca, N.Y.: Cornell University Press, 1995), p. 108.
98. Ibid., pp.106ff.
99. Gideon Kunda, *Engineering Culture: Control and Commitment in a High-Tech Corporation* (Filadélfia: Temple University Press, 1992), p. 156.
100. Darrah, p. 167.

101. Graham, p. 116.
102. Eileen Applebaum e Rosemary Batt, *The New American Workplace* (Ithaca, N.Y.: Cornell University Press, 1994), p. 22.
103. Hammer e Champy, p. 65.
104. Citado no *New York Times*, 13 de fevereiro de 1996, pp. Dl, D6.
105. Harley Shaikin, *Work Transformed: Automation and Labor in the Computer Age* (Nova York: Henry Holt, 1985), p. 82.
106. Richard Rorty, *Contingency, Irony, and Solidarity* (Cambridge, R.U.: Cambridge University Press, 1989), pp. 73-74.
107. Ibid.
108. Ibid., p. 91.
109. Walter Lippmann, *Drift and Mastery* (Nova York: Mitchell Kennerly, 1914), p. xvi.
110. Ibid., pp. 196, 211.
111. Cf. Henry James, *The American Scene* (Bloomington, Ind.: Indiana University Press, 1968).
112. Cf. Edward Thompson, *The Making of the English Working Class* (Nova York: Vintage, 1978).
113. Olivier Zunz, *Making America Corporate* (Nova York: Oxford University Press, 1990).
114. Lippmann, p. 267.
115. Ibid., p. 269.
116. A melhor história geral da IBM é até hoje *Big Blues: The Unmaking of IBM*, Paul Carroll (Nova York: Crown Paperbacks, 1993).
117. Richard Thomas DeLamarter, *Big Blue: IBM's Use and Abuse of Power* (Nova York: Dodd, Mead, 1986), p. 3.
118. William Rodgers, *Think: A Biography of the Watsons and IBM* (Nova York: Stein and Day, 1969), p. 100.
119. William Sampson, *Company Man* (Nova York: Random House, 1995), p. 224.
120. Ibid., p. 256.
121. Citado no *New York Times*, 13 de fevereiro de 1996, pp. D1, D6.
122. Michel Foucault, *Résumé des cours*, 1970-1982 (Paris: Julliard, 1989), p. 123, tradução minha.
123. Jean-Jacques Rousseau, *The Confessions*, traduzido para o inglês por J. H. Cohen (Nova York: Penguin, 1954), p. 26.
124. Ibid., p. 126.
125. Johann Wolfgang von Goethe, *Poetry and Truth*, traduzido para o inglês por R. O. Moon (Washington, D.C.: Public Affairs Press, 1949), p. 692.
126. Katherine Newman, *Falling from Grace: The Experience of Downward Mobility in the American Middle Class* (Nova York: Free Press, 1988), pp. 93-94.

127. Friedrich Nietzsche, *Thus Spoke Zarathustra*, traduzido para o inglês por R. J. Hollingdale (Londres: Penguin, 1969), p. 163.
128. Salman Rushdie, *Imaginary Homelands* (Londres: Granta Books, 1991), p. 12.
129. Cf. Zygmunt Bauman, *Postmodern Ethics* (Oxford: Blackwell, 1993); Mark Taylor, *Disfiguring* (Chicago: University of Chicago Press, 1993).
130. William Mitchell, *City of Bits* (Cambridge, Mass.: MIT Press, 1995), p. 28.
131. Turkle, *Life on the Screen*, p. 13.
132. Fredric Jameson, *Post-Modernism, or the Cultural Logic of Late Capitalism* (Chapel Hill: Duke University Press), p. 90.
133. Cf. Saskia Sassen, *The Global City* (Princeton, N.J.: Princeton University Press, 1990).
134. John Bowlby, *Separation* (Nova York: Basic Books, 1973), p. 359.
135. Cf. Louis Dumont, *Homo Hierarchicus: The Caste System and Its Implications,* traduzido para o inglês por Mark Sainsbury et al. (Chicago: University of Chicago Press, 1980); Takeo Doi, *The Anatomy of Dependence,* traduzido para o inglês por John Bester (Nova York: Kodansha, 1973).
136. Jacques Savary, *Le parfait négotiant* (Paris, 1675; 1713), p. l.
137. Robert de Montesquieu, *Esprit des Lois,* XX, i.
138. Cf. Lewis Coser, *The Functions of Social Conflict* (Nova York: Free Press, 1976).
139. Cf. Amy Gutmann e Dennis Thompson, *Democracy and Disagreement* (Cambridge, Mass.: Harvard University Press, 1996).
140. Tais distinções, feitas por Jean Martineau, se baseiam no conceito de *Selb-Standigkeit* de Heidegger, como em *Being and Time,* de Heidegger, traduzido para o inglês por John MacQuarrie et al. (Nova York: Harper, 1967), p. 351.
141. Emmanuel Levinas, *Otherwise Than Being,* traduzido para o inglês por A. Lingis (Haia: M. Nijhoff, 1974), pp. 180ff.
142. Paul Ricoeur, *Oneself as Another,* traduzido para o inglês por K. Blamey (Chicago: University of Chicago Press, 1992), pp. 165-68.
143. Hans-Georg Gadamer, *Philosophical Hermeneutics,* traduzido para o inglês por David Linge (Berkeley: University of California Press, 1976), p. 55; Hans-Georg Gadamer, *Truth and Method,* traduzido para o inglês por Garrett Barden e John Cumming (Nova York: Seabury Press, 1975), p. 245.

Índice

administração de programas de computador, 56, 64
administração: desafios à, 111, 172-175 mudança de, 81 "treinadores", 137-138 flexível, 18-19, 35, 41, 64, 101-102, 131-140 mão de obra vs., 46, 55-58, 63, 64, 101-102, 132-140, 153-154 programas de computador para, 55, 63 trabalho de equipe e, 131-140
Agostinho, Santo, 120-121
agricultura, 118-121
Åkerström, Malin, 137
Albert, Michel, 61
alcoólatras, 128
aleatório, 95, 102, 103
Alemanha, 109
alienação, 10
ambição, 17, 91-94
ansiedade, 9, 29, 92-93, 106-107, 115
aposentadoria, 14, 111, 130
Appelbaum, Eileen, 135
Applebaum, Herbert, 36
aprendizado de cor, 35
Aronowitz, Stanley, 85
arquipélago de organização, 23, 64
arquitetos, 85-86
"asceticismo leigo", 118, 123, 125, 130, 139
asserção da vontade, 30, 42

Assim falou Zaratustra (Nietzsche), 158
assistência médica, 61
Associação Americana de Administração, 57
Ate, 95
atenção focal, 105-106, 172-173
ATT, 22, 136, 150, 175
atuação, 37-38, 41
autônomos, 168-169
autoridade, 21, 26, 29, 99, 113-114, 129-130, 136-139

Bailyn, Lotte, 67
bairros residenciais, 14-15, 19-20
Balzac, Honoré de, 94
Bateson, Gregory, 107
Batt, Rosemary, 135
Bauman, Zygmunt, 159
Beauvoir, Simone de, 75
Beck, Ulrich, 94
Bell, Daniel, 46, 49, 59, 68, 101
bem-estar, 28, 67, 170
Beneditinos, 40
Bernoulli, Daniel, 95
Bernoulli, Jacob, 95, 96
Bernstein, Peter, 98
Beruf, 144
Bill for Establishing Religious Freedom (Jefferson), 42
Blum, Leon, 145
Bowlby, John, 167

Bunnell, Sterling, 45
Bunyan, John, 161
buracos, estruturais, 99, 102 "esvaziamento", 64
burocracia: descentralizada, 18, 19, 29, 56, 64, 66 disciplinada, 46 flexibilidade vs., 9-10, 54, 58, 65, 144-151, 169 do governo, 63-67 hierarquia da, 46, 47, 153 risco e, 98-99, 105-106, 166 estabilidade e, 14, 23, 32-33, 77 estagnação e, 17, 35, 50-51, 54, 58, 113-114
Burt, Ronald, 99, 100 ciclo comercial, 22, 64-65 empresas, pequenas, 91 "zunzum", 91, 92, 128

California Management Review, 110
Calvino, João, 124, 130
Cândido (Voltaire), 38
capital: "impaciente", 21-29 social, 100 oferta de, 154-155
capitalismo: antipatia do esteta por, 143 comunidade e, 163-167, 175-176 flexível, 9-10, 100, 139-140, 144-146, 175-176 industrial, 35, 43-44, 48, 69-70, 142, 144-145, 167-168, 174-175 paternalista, 146-147, 149-150, 159 estado, 62 ética do trabalho e, 123, 125-126
capitalistas, 71-72, 80
caráter: classe e, 75-76, 83 comunidade e, 161-162, 163-176 corrosão do, 41-42, 98, 175-176 definição de, 10 natureza ética do, 10, 30 história pessoal e, 42, 145 personalidade vs., 10 risco e, 94-95, 98-99, 106, 139-140 autoconstância de, 175-176 ética do trabalho e, 117-119, 123, 139

carreiras: definição de, 9, 143, 175-176 fracasso e, 142-46 extensão de, 109-110 relocação e, 17-21, 22, 30, 101-104, 184 *ver também* empregos
Carroll, Paul, 150
Castells, Manuel, 100, 109
castigo, 126-127
catolicismo, 123-124
Champy, James, 22, 56, 114
mudança: consequências de, 31-33 flexibilidade e, 54-59, 129, 136 irreversível, 56-57, 139-140 narrativa e, 157-158 abertura para, 17, 129 necessidades pessoais e, 176-177 tecnológica, 111-115 caos, 95-96, 99-100, 118-119, 121-123
choque cultural, 92-94
City of Bits (Mitchell), 160
classe: caráter e, 75-77, 83 consciência de, 75-78, 83, 87 definição de, 75-76, 83 divisões de, 87 etnicidade e, 76-78, 83, 88 mão de obra e, 76-77 visão marxista de, 76, 81 raça e, 15-16, 28, 76, 78, 81, 83 *status* e, 15-16, 75, 78, 144 *ver também* classe média; classe operária
classe média: definição de, 75, 83 fracasso e, 141, 144, 158 *status* e, 144 valores da, 14-15 mulheres da, 66-67 crise da meia-idade, 90
classe operária: etnicidade e, 76-79, 83, 88, 117-118
Clemons, Erik, 57
Cobb, Jonathan, 11, 13, 76
Coleman, James, 99
comerciantes, 43-44, 54, 106, 167-168
compromisso, 10, 24-27, 32-33, 72, 82-83, 165, 170-171, 176

computadores: colapso de, 84-91 indústria de, 146-162, 163, 165, 169-170, 173-174, 176 empregos influenciados por, 18-19, 49-50, 60, 79, 82-92, 183 *mainframe*, 154 pessoal, 65, 147, 154
computer-assisted design (CAD), 85-87
comunhão, 55
comunicação: conflito e, 111 responsabilidade e, 136-137 informação especializada e, 127-128
comunidades: capitalismo e, 163-167, 174-176 caráter e, 155-156, 161-162, 163-176 local, 19-20 competição, 125, 132, 141, 147
comunismo, 132
comunitarismo, 170
confiança, 24, 95, 167-171
Confissões (Rousseau), 157
Confissões (Santo Agostinho), 121
conformismo, 129
conservadorismo, 28-29
constance à soi, 173
consumismo, 22, 58-59, 75, 88, 125 contratos, 18, 22, 92-93, 128-129, 148-149 controle, 18-19, 28-33, 80-81
contadores, 18-19
contrato social, 153
Cook, Philip, 105, 106
cooperação, 118-119, 133-134, 137
corporações: cultura de, 107, 151, 154-155, 169-170 fusão de, 55-56 organização de, 21-22, 29 ofertas públicas de, 24 reinvenção de, 57-59, 63-64
corretores de ações, 101
Coser, Lewis, 171

criados, 143-144
crianças: trabalho de, 36-37, 40, 110 relocação e, 30 valores aprendidos por, 20-21, 27, 29, 31-33
cristianismo, 121-127
culpa, 31, 141, 167-169

Darrah, Charles, 132, 134
Davos, Suíça, 69-73, 88, 94, 100, 139, 176
Defert, Daniel, 36-37
democracia, 75
dependência mútua, 166-170
depressão, 97, 140
desagregação vertical, 56-57, 63-64
desemprego, 75, 178
desorientação, 100-104
desqualificar, 112
destruição criativa, 32, 48, 94
Diderot, Denis, 35-41, 49-51, 55, 172
DiFazio, William, 85
dispensa por doença, 47
dissonância cognitiva, 106-107, 172
Doi, Takeo, 168
Dole, Elizabeth, 131
domus, 37
Dostoievski, Fiodor, 98
Drift and Mastery (Lippmann), 142-146
Dumont, Louis, 168

economia: flexibilidade de, 10, 60, 131 global, 21-22, 64-65, 151-153, 154-155, 163 modelos de, 61-64 educação, 13, 15-16, 35, 72-73, 104, 138-139, 184
Economist, The, 62
e-mail, 19, 68

empregados: responsabilidade de, 135-139, 143-152, 155-156 de fábrica, 13-17, 57-58, 136-137 experiência de, 107-115, 117, 131 tempo integral, 66-67 lealdade de, 10, 24-26, 27, 94, 113-114, 146-147, 150, 173 de meia-idade, 56-57, 90, 93-94, 107-115, 146, 148, 160-161, 172, 174-175 moral de, 57-58, 150-151 sem sindicato, 81-82 meio período, 66-67, 78-79, 181 relocação de, 17-20, 101-102 consciência própria de, 53-54, 82-83, 87-88, 173-176 vigilância de, 19, 67-68 temporário, 22 de escritório, 57-58, 136-138, 183

emprego, 62-64, 177, 178

empregos: categorias de, 100-101 mudança de, 17-18, 22, 101-103, 184 computadorização e, 18-19, 49-50, 60, 79-80, 82-87, 183 definição de, 9, 143-144 famílias e, 13, 20, 25-28, 30-31, 40, 65-68, 77-78 mercado para, 62-64, 102-105, 113 *ver também* empregados

empresários, 31-33, 48-49, 54, 94, 142, 175-176

empresas de capital de risco, 17

empresas de consultoria, 18, 20-21, 25, 56-57, 112-114, 148-149, 166-167

Enciclopédia (Diderot), 35-39, 172

"engenharia racional", 46

engenheiros, 85-86, 111-114

Enrico (nome fictício), 13-17, 18, 20-21, 27, 28, 30-31, 49, 77, 117, 139

Ensaio sobre o entendimento humano (Locke), 53

entrada de dados, 23-24, 49-50

escuta, 118, 131-132, 171

espontaneidade, 41-42, 53-54, 68, 80

estabilidade, 29

Estados Unidos: como sociedade sem classes, 75-76 economia dos, 62-63 resultados salariais imprevisíveis, 100-101, 103-104

estoicismo, 121

estudos de movimento do tempo, 45-46

Ética protestante e o espírito do capitalismo, A (Weber), 122-126

etnicidade, 76-79, 83-84, 88, 117-118

Everts, Rodney (nome fictício), 81-84, 102

fábrica de Hawthorn, 46

fábrica de Highland Park, 44, 56, 113

fábrica de papel de L'Anglée, 36-39, 50, 172

fábrica de Subaru-Isuzu, 134, 135, 137

fábricas de alfinetes, 45, 48-50, 63-64, 66-68, 76, 88

fábricas de automóvel, 59-60, 114, 117-118, 134, 135, 139

fábricas de papel, 36-39, 50-51, 172

fácil de usar, 84, 117

família: autoridade na, 20-21, 25-27, 29 flexibilidade e, 25-27 empregos e, 13, 20, 25-27, 30-31, 36, 66-69, 77-78 mitos de, 15-16 valores do, 177

fast-food, restaurantes, 75, 84-85

faxineiros, 13-14, 21, 26

férias, 47

Festinger, Lionel, 107
Fibonacci, Leonardo, 95-96
Fichte, Johann Gottlieb, 15
Flavia (nome fictício), 13, 18, 66
flexibilidade, 53-73 idade e, 107-115 burocracia vs., 9-10, 54, 58, 65-66, 144-151, 169 capitalismo e, 9-10, 100, 139-140, 143-146, 174-176 mudança e, 54-60, 129, 136 compromisso e, 71-72, 82-83, 175 controle e, 29-33, 67-68 definição de, 53 da economia, 10, 72, 131 elementos de, 54-66, 164 famílias e, 25-27 fragmentação e, 72-73 na administração, 18-19, 29, 63-65, 101-102, 131-140 liberdade pessoal e, 54, 67-70, 72-80 aspecto político da, 60-64 na produção, 54, 59-65, 68, 102, 147 risco e, 53, 72-73, 88, 94-95, 105-115 rotina vs., 50-51, 54 consciência própria e, 53-54, 82-84, 87-88 aptidão vs., 84-87 especialização e, 59, 78-79 trabalho de equipe e, 127-128, 129, 139-140 tecnologia e, 60, 78-79
flexitempo, 66-69, 78-79, 82
Ford Motor Company, 44, 114
Ford, Henry, 44
Fortuna, 95
Fórum Econômico Mundial, 69-73, 88
Foucault, Michel, 126
fracasso, 141-162 carreiras e, 142-146 consequências do, 91-94, 128-130 deriva e, 142, 146, 158-160 medo de, 149-152, 160, 165 classe média e, 141, 143, 158 narrativas de, 141-146, 154-155, 169, 173-174, 176 responsabilidade por, 153-162 risco e, 89-94, 106-107, 154-155 sucesso *versus*, 141-142 tabus do, 141, 158 vitimização e, 141, 153, 158
França, 109
Frank, Robert, 105, 106
Franklin, Benjamin, 125
Functions of Social Convict, The (Caser), 171
"Fundamentos da lei nacional", 15

Gadamer, Hans-Georg, 175
Gates, Bill, 71-72, 83
General Electric, 46
General Motors, 46-49, 101
Geórgicas (Virgílio), 120
germano-americanos, 45
Gerstner, Louis, 147, 152-153
Giddens, Anthony, 50, 55, 172
Goethe, Johann Wolfgang von, 157-158
governo: burocracia do, 55-64 controle pelo, 28, 61-64, 142
Grã-Bretanha, 62, 109, 114
Graham, Laurie, 134-135, 137, 172
Grande Depressão, 14, 33
Granovetter, Mark, 25
greco-americanos, 76-77, 81, 83, 88, 117-118
Guerra Civil espanhola, 70
Gutmann, Amy, 172

Hammer, Michael, 56, 136
Harrison, Bennett, 22, 65
Head, Simon, 62
Hesíodo, 119-122, 142
hierarquia, lógica da, 46-47
hipotecas, 48
Hirschmann, Albert, 111, 168, 173
Hoccleve, Thomas, 32

Holanda, 62
"homem motivado", 125-126, 130, 138, 142
homo faber, 121, 126
Horácio, 10, 146
Hume, David, 53
Hidden Injuries of Class, The (Sennett e Cobb), 11, 13, 75

IBM, 146-162, 165, 169-170
imigrantes, 14, 76, 142-144, 152
Índia, 151, 153, 154, 169-170
individualismo, 75, 125, 130, 135, 145, 167-168, 170-176
indolência, 121-123
indústria automobilística, 43-48, 59-60, 114, 117-118, 134-135, 138, 140
informação: partilha da, 132 especializada, 127-128
Instituições (Calvino), 124
instituições sociais, 54-59, 68, 102, 118, 145, 164
Instituto de Tecnologia de Massachusetts, 86
Internet, 71, 155
investimentos financeiros, 95
irlando-americanos, 15-16
ironia, 138
Israel, 61
Itália, 59, 61
ítalo-americanos, 77-79

James, Henry, 143
Jameson, Fredric, 160
Japão, 60-62, 66, 135
Jason (nome fictício), 148, 151
"jaula de ferro", 14
Jeannette (nome fictício), 17-18, 30, 66, 68
Jefferson, Thomas, 42
Jesus Cristo, 122
Jim (nome fictício), 154-155
jogador, O (Dostoievski), 98
jogo, 96-99

Kahneman, Daniel, 96, 97
Kantor, Rosabeth Moss, 101
Keynes, John Maynard, 96
Kim (nome fictício), 155
Kotter, John, 166
Krugman, Paul, 62, 105, 152
Kunda, Gideon, 134

Lash, Scott, 57
Leach, Edmund, 55
lealdade, 10, 24-27, 31-32, 113-114, 146-147, 149-150, 173
Lean and Mean (Harrison), 64
Leidner, Robin, 134
Levinas, Emmanuel, 173
Liber Abaci (Fibonacci), 95
liberdade, pessoal, 54, 67-70, 72-73
liderança, 106, 129-130, 132-134, 141
linha de montagem, 59-60, 135
Lippmann, Walter, 142-146, 154-155, 157, 159, 161-162
livre-empresa, 9, 38-40, 67
Lloyd's, 95
Locke, John, 53
Lubbers, Ruud, 62
lucro, 43-44, 50-51, 56-58, 135, 147
Lutero, Martinho, 123-124, 130

Madison, James, 42
maestria, 131-146
Máfia, 76-78
maintien de soi, 173
Mann, Thomas, 69
mão de obra: ligação e, 82-84 barata, 36-38, 82, 84, 102, 110,

148 infantil, 37, 38, 117 classe, 78 esquemas comprimidos de, 67 aviltante, 53, 79-84, 117, 126 a visão de Diderot, 35-39, 41, 49-51, 55, 106, 172 dignidade do, 104 divisão do, 39-44, 45, 78 eficiência, 45-46, 56, 69 empenho no, 75-88, 120, 139-140, 164, 173 feminino, 13, 17-18, 66-68, 83 estrangeiro, 150-153, 154, 157, 159, 165-166 doméstico, 40, 42, 78-81 legibilidade do, 80 localização do, 67-68, 159-161, 163-166 longo prazo, 19-21, 24-67, 171 administração vs., 46, 55-57, 58, 77, 64-65, 101-103, 139-140, 153 braçal, 143-144 visão marxista do, 49 mecanização do, 45, 78-79, 80, 83-86, 117, 169 substituição, 56 ritmo do, 98-99, 100, 43, 55-56 rotina no, 35-51, 54, 68-69, 123, 172 curto prazo, 25, 28, 98-99, 126-127, 131, 132, 148 qualificado, 31-45, 76-78, 81, 84-92, 104-105, 113-115, 118, 153 a visão de Smith, 35, 39-105, 45, 46, 48, 49, 53, 54, 63, 68, 88, 106, 172 especializado, 44, 59, 78 padrões de, 153, 154, 164, 173-175 oferta de, 103-105, 150, 152, 153, 154, 174 não qualificado, 83-88, 105 *ver também* empregos

máquinas, 45, 78, 79, 83-86, 117, 169

marcas, 64

Marx, Karl, 43, 49, 82

marxismo, 49, 77, 81, 105, 142, 175

Mayo, Elton, 46

McDonald's, restaurantes, 85

mediação, 129, 130, 139-140

médicos, 152

medo, 96, 149-151, 152

"meninos de mina", 110

mercados de ações, 22-29, 71

mercados: motivado pelo consumidor, 21 livre, 9, 38, 39, 61 global, 21, 65 crescimento de, 42 emprego, 64, 75, 102, 103-105, 115 nichos em, 59 responsividade para, 50, 79 imprevisibilidade de, 54, 59 vencedor leva tudo, 105-106, 141, 174

Meritocracy (Young), 105

metas: longo prazo, 10, 21 curto prazo, 10, 21-28

Meyer, Stephen, 44

Microsoft, 71, 147

Mill, John Stuart, 54, 106

Mitchell, William, 160

mobilidade ascendente, 14-17, 20-21, 76, 100

mobilidade descendente, 158

"moças de fábrica", 110

modelo anglo-americano, 61-64, 167

modelo do Reno, 61-64

montanha mágica, A (Mann), 69

Montesquieu, 168

Morales, Deborah, 59

mudanças laterais ambíguas, 100, 103

"não há longo prazo", 22, 24, 25, 33

narrativas, 14, 24, 31, 49, 97-98, 124, 140 de fracasso, 142, 143, 146, 155, 157-162, 168, 173, 175 natureza, 119-120, 130

negros, 15, 28, 76, 79, 81, 83

neoliberalismo, 62
neutralidade, 137
New York Times, 114
Newman, Katherine, 85, 110, 158
Nietzsche, Friedrich, 158
Noble, David, 44
"nós", 165-166, 176

ofertas públicas iniciais, 24
ofícios, 76-77
Oração sobre a dignidade do homem (Pico della Mirandola), 121
orfanatos, 28, 29
organização de rede, 23, 55, 65, 99, 163-164, 175

padarias, 36, 75-88, 101-104, 117-118, 140, 164, 169, 175
papel, 36-39, 50-51, 77, 172 alfinetes, 40-44, 63-64, 66-69, 76, 88
Paradoxo sobre o ator (Diderot), 37-38
parasitas sociais, 17, 28, 167, 170
parfait négotiant, Le (Savary), 168
patrões, 132-136, 140, 151
Paul (nome fictício), 148, 151, 155
pensões, 14, 61, 77
Pequena Biblioteca Lenin, 71
perdas retrospectivas, 100, 103-104
Pico della Mirandola, Giovanni, 121, 124, 130, 139, 142, 145
Pilgrim's Progress (Bunyan), 161
Piore, Michael, 59
poder: concentração de, 54, 64-66, 68-69, 164 submissão ao, 68-69 trabalho de equipe e, 130, 132-139
Powell, Walter, 23
preconceito social, 107-115, 167
predestinação, 124-125

pressão dos colegas, 135-136
Princípios da economia política (Mill), 54
probabilidade, 95-96
produção: computadorizada, 60 flexível, 54, 59-64, 68-69, 102, 147, 164 trabalho de equipe e, 135
produtividade, 46, 50-51, 57-58, 141, 179
produto interno bruto (PIB), 58
produtos: marca, 65 fácil de usar, 88 variedade de, 59, 147
programa SIMS, 56, 64
programadores, computador, 146-162, 163, 165, 169, 173-174, 175-176
protestantismo, 123-126
Providência, 124
publicidade, agências, 90-94, 97-98, 104, 107-115, 117, 126-131, 170

qualificações, 44, 77, 81, 85, 87, 105, 114, 118, 131, 143-144, 153

raça, 15-16, 28, 77-79, 81, 83
"ratos de *shopping centers*", 21, 29
realização cumulativa, 14, 31-32, 55
rede de segurança, 61, 170
rede, 18, 19, 90-105, 128-129
redução, 18, 31, 56-57, 69, 101, 136, 141, 174-175
reengenharia, 56-57, 59, 110-111, 136, 141
Re-engineering the Corporation (Hammer and Champy), 56, 136
Regiment of Princes, The (Hoccleve), 32
regressão ao mal, 96, 97

relógios, 40
remover camadas, 56, 64
Renascimento, 121
reorganização da pirâmide, 29, 55, 60, 65-66, 98-99, 101
responsabilidade, 29-30, 124, 135-139, 145, 153-162, 173
Retrato de Dorian Gray, O, 117
retreinamento, 113-114
Rico (nome fictício), 13, 42, 98, 111-114, 117, 140, 141, 160, 166, 171
Ricoeur, Paul, 174
riqueza: criação de, 94 transferência de, 105
Riqueza das nações, A (Smith), 35, 39-44
risco, 89-115 idade e, 94, 107-115 ambiguidade e, 94, 100 ansiedade e, 9, 93, 106-107, 115 burocracia e, 98-99, 105-106, 166 cálculo de, 95-99 caráter e, 94-95, 99, 106, 140 cultura do, 102, 166-167 definição do, 95-96 desorientação e, 100-104 fracasso e, 89-94, 106-107, 154, 165 medo de, 96 flexibilidade e, 50-51, 72-80, 88, 94-95, 105-115 necessidade de, 17, 29 psíquico, 122 "troca de vasos", imagem para, 94-95 recompensa e, 174-175 social produções de, 94
Rockefeller, John D., 71
Rohatyn, Felix, 105
Rorty, Richard, 138
Rose (nome fictício), 89-94, 97-98, 102, 107-115, 117, 126-130, 140, 170
rotina, 35-40, 46, 81, 123, 172
Rousseau, Jean-Jacques, 157
Rushdie, Salman, 159, 171

Sabel, Charles, 59, 79
sacerdotes, 55
salários: desigualdade de, 62-63, 104, 178 baixos, 82, 84-85, 102, 110, 151 tendência no, 100-101, 104, 184
Sampson, Anthony, 149, 169
Sanchez, Arturo, 12
Savary, Jacques, 168
Schumpeter, Joseph, 33, 48, 94
Second Industrial Divide, The (Piore and Sabel), 59
Secretary's Committee on Achieving Necessary Skills (SCANS), 132
Segunda Guerra Mundial, 14, 33
sensações, 53-54
sexualidade, 27
Shaiken, Harley, 137, 173
SimCity, 87
simpatia, 43-44, 50-51, 54, 68, 173
sindicatos de trabalhadores, 14, 19, 23, 47-55, 72, 77-79, 101, 141, 169, 180
sinos, igreja, 40, 121
Smith, Adam, 45-46, 49-51, 63-64, 68, 86, 89, 106, 172
sobrevivência, 134, 149-150, 151
socialismo, 55
solução de problemas, 107
Sonho Americano, 13, 19
sorte, 98
status, 15-16, 75, 79, 144
Stendhal, 94
Structural Holes (Burt), 99
successo: fracasso *versus*, 141-142 medição de, 91-94
superficialidade, 87-88, 117-118, 127, 129-130, 136, 139-140

tabelas estatísticas, 12, 24, 50, 69-70, 177-185
Tagwerk, 43, 68

tamanho, lógica do, 46-47
Taylor, Frederick W., 45
Taylor, Mark, 159
tecnologia: mudança na, 111-115 flexibilidade e, 60, 79 crescimento de, 22, 57-58, 72 conhecimento de, 111-116
televisão, 27
tempo métrico, 46-49, 55
tempo: continuidade de, 54-55 eclesiástico, 40, 121 flex-, 66-68, 79, 82 fragmentação do, 22-28, 72-73, 117 histórico, 122 linear, 13-16, 17, 22, 32 mecânico, 40 métrico, 46-49, 55 organização do, 18-19, 22, 40, 48, 50, 81, 121-123, 124, 126 rotina e, 35, 38-39 qualificações e passagem do, 114 espaço e, 40
Teoria dos sentimentos morais, A, 42, 43
Thompson, Dennis, 172
Thompson, E. P., 43, 143
Thurow, Lester, 152
Tocqueville, Alexis de, 75
tomada de decisão, 29-30, 60, 100, 111, 146-147
trabalhadores de escritório, 18-19
Trabalhadores e os dias, Os (Hesíodo), 119
trabalho de equipe, 24, 27, 118, 126-140, 170, 176 flexibilidade e, 126, 129, 139 administração e, 131-140 poder e, 130, 133-139 produção e, 141 ética do trabalho e, 126-140
traição, 137, 148-151, 153, 157
Tratado sobre a natureza humana (Hume), 53
Treatise on Probability (Keynes), 96

Tucídides, 119
Turkle, Sherry, 86, 160
Tversky, Amos, 96
Tyndale, William, 122

United Auto Workers, 48
Upsizing the Individual in the Downsized Corporate (Johansen and Swigart), 94
Urry, John, 57

Vale do Silício, 17, 19, 155
valores: comuns, 175-176 família, 166, 171 fixos, 29 perda de, 19-20, 29 classe média, 15 social, 10, 28-29 ensino de, 20-21, 26, 29, 32 classe operária, 13-17
velhice, 14, 47-48, 114, 131, 140
vitimização, 136, 137, 141, 148-151, 153, 175
vietnamita-americanos, 78-79, 82-83, 133
Virgílio, 120, 122, 139, 142
vodca, 126-129
Voltaire, 38
"voz", 111, 173
vulnerabilidade, 156, 170

Watson, Thomas, Jr., 146
Watson, Thomas, Sr., 146-147, 157
Webb, Beatrice, 145
Webb, Sidney, 145
Weber, Max, 14, 118, 122-126, 142, 144
Weisskopf, Victor, 86
Wilde, Oscar, 117
Wyatt Companies, 57

Young, Michael, 105

Zunz, Olivier, 144

Este livro foi composto na tipografia
Classical Garamond, em corpo 11/14, e impresso em
papel off-white no Sistema Digital Instant Duplex
da Divisão Gráfica da Distribuidora Record.